بسم الله الرحمن الرحيم

Cennete Giden Yol

Tashih
Polen Yayınları

Sayfa Düzeni
Osman Arpaçukuru

Kapak Tasarım
Polen Ajans

Baskı
Kilim Matbaası

POLEN YAYINLARI
Soğanağa Camii Sok. Büyük Tulumba Çıkmazı No: 5/9 Beyazıt / İSTANBUL
Telefon: 0 212 516 42 44
www.polenkitap.com
www.karincakitap.net

Cennete Giden Yol

Ebû Bekir el-Cezâirî
Lütfullah Hatim

Tercüme Edenler
ALİM YÜCER
MUSTAFA ÖZTÜRK

POLEN

İÇİNDEKİLER

GİRİŞ

Şüphesiz bütün hamdler Allah'a aittir. O'na hamd eder, O'ndan yardım ister, O'ndan mağfiret dileriz. Nefislerimizin şerrinden, amellerimizin kötülüğünden Allah'a sığınırız. Allah kime hidayet ederse, onu kimse saptıramaz; kimi de saptırırsa, ona da kimse hidayet edemez.

Ben şahadet ederim ki, tek olan Allah'tan başka ilâh yoktur. O'nun hiçbir ortağı da yoktur. Ben yine şahadet ederim ki, Muhammed O'nun kulu ve Resûlüdür.

Tirmizî'nin rivayet ettiği hadiste Ebû Hureyre, Resûlullah (s.a.v.)'ın şöyle dediğini söyler: "Her kim korkarsa, gecenin başında yola çıkar. Her kim de gecenin başında yola çıkarsa, menziline ulaşır. Dikkat edin! Allah'ın malı pahalıdır.[1] Dikkat edin Allah'ın malı cennettir."[2]

Cennete cennete!!..

"Hayret! Cennetin kokusunu Uhudun önünde alıyorum."[3]

Bu sözler Enes b. Nadr'ın Uhud günü söylediği sözlerdir…

Cennet göklerin üstünde olmasına rağmen o kokusunu dünyada kokluyor.

---

1 Allah'ın malı diye tercümesini yaptığımız kelime "sil'atü" aslında ticaret malı demektir.

2 Hadis sahihtir. Tirmizî, Hadis no: 2452, hasen olduğunu söyler. Hâkim sahih olduğunu söyler, c. 4/307-308, Zehebî de ona uyar. Bu hadisin Hakim'in yanında şâhidi vardır, 4/308 bu hadisi ceyyid bir isnatla nakleder. Hadis bununla sahihtir, inşallah.

3 Müslim, Hadis no: 1903

Gerçekte o, iman ve hakke'l-yakîndir. İşte seleften bazılarının[4] söylediği:

"Şayet yakin (kesin, şeksiz inanç) gereği gibi bir kalbe yerleşseydi, cennet özlemi, cehennem korkusuyla uçardı."

İşte bu cennet muttakilerin yurdudur. İbn Kayyim'in cennet hakkındaki sözü ne müthiştir:

"Allah'a yemin olsun ki durgun piyasada cennet tellâllığı yapılmıştır. Fakat dönüp pazarlık yapanlar ancak kullardan bazı fertler olmuştur."

Hayret! Cenneti isteyen nasıl uyuyor?

Onu isteyen mihrini nasıl vermez?

Cennetin haberlerini duyduktan sonra bu dünyada hayat nasıl hoş olabilir?

Cennetin bakirelerine sarılmadan hasretiyle yanan nasıl durabilir?

Cennet hasretiyle yananların onsuz gözleri nasıl güler?

Kesin inançlılar cennete karşı nasıl sabreder?

Birçok insanın kalbi cennetten nasıl yüz çevirebilir?

Cennetten yüz çevirenler onun yerine neyi koyuyorlar?[5]

Cennet, işte o nimet yurdu...

Cennete giden yol ise tektir.

Şehvetler, kaprisler ve eğlencelerle dolu yol cennetin yolu değildir.

Bilakis meşakkatlerle, çabalarla, fedakârlıklarla çevrili yol, cennetin yoludur.

Cennetten bahsetmek ne tatlı, ne hoş, ne sevimlidir!

İşte Şeyh Ebû Bekir; güzel, hoş konuşması, duygulu, tatlı üslubuyla iyilerin yurdundan bizlere bahsediyor.[6] Oraya ulaş-

---

[4] "Fethu'l-Bârî" de belirtildiği gibi bunu söyleyen, Süfyan es-Sevrî'dir.

[5] "Hâdi'l-Ervâh", 7

[6] Bu konuşmayı Medine Münevvere'de "Unud" cemiyetinde yapmıştı.

manın yolunu açıklarken, oraya seni davet eder gibi konuşuyor.

Şeyh -Allah onu korusun- işaret ettiği gibi, bu risalede geçen hadislerin büyük bölümü Hafız Münzirî'nin "Terğib ve Terhîb" inden alınmıştır. "Akidetü'l-Mü'min" kitabının hadislerinin tahricinde de gördüğün gibi. Biz bu hadislerin tahricini, tesbitini ve gerekli itinayı göstererek ihtiyaç olduğunda dipnotlarla yeniden yapmayı uygun gördük. Allah Teâlâ'dan bu çalışmayı rızasına muvafık kılmasını dilerim.

Eşref b. Abdulmaksûd
İsmailiye, 11 Temmuz 1985

EY RAHMÂN'IN MALI[7]

Ey Rahmân'ın malı! Sen ucuz değilsin;
Bilakis sen tembellere pahalısın
Ey Rahmân'ın malı! Seni elde edecekler
Binde birdir, iki değil
Ey Rahmâ'nın malı! Dengin kimler?
Ancak imanlı takva sahipleridir
Ey Rahmâ'nın malı! Piyasan kesattır,
Hayvandan daha aşağı olan reziller arasında
Ey Rahmân'ın malı! Müşteri nerede?
En ucuz bedelle arz olunmuşsun.
Ey Rahman'ın malı! Seninle evlenen var mı?
Ölmeden önce mihrini elde etmek mümkündür.
Ey Rahman'ın malı! Senden ayrı kalmaya nasıl sabrederler?
Seni isteyen imanlı damat adayları
Ey Rahman'ın malı! Şayet sen
İnsanın hoşlanmadıklarıyla çevrili olmasaydın
Senden hiç kimse geri kalmaz,
İkinci karşılık yurdu da boş kalırdı.
Fakat sen, her hoşlanılmayanla çevrilmişsin ki,
İptalci, ardından koşmayanı senden vazgeçirsin.
Seni elde etmiştir, himmetleriyle yücelenler,
Rahman'ın dileğiyle en yüce Rabbe!

---

[7] "El-Kâfiyetu'ş-Şafiye" İbn Kayyim, 2/ 437

İŞTE BU, SELÂM YURDU OLAN CENNETTİR

Ey Rahmân'ın heyeti!

İşte beyaz develer, haydi binin!!

Sanki ben onlardanım. Gerçekten onlar kabirlerinden paniklemeden, ürkmeden korkusuzca kalkarlar:

"En büyük dehşet dahi onları tasalandırmaz. Melekler kendilerini şöyle karşılar: İşte bu, size vaat edilmiş olan (mutlu) gününüzdür."[8]

Bir gün Resûlullah (s.a.v.) yemin eder ve şöyle der: "Canımı elinde tutana yemin olsun ki, muhakkak onlar kabirlerinden çıktıkları zaman üzerlerinde altın semer bulunan, ayaklarının bağı parıl parıl parıldayan nur olan, onların her bir adımı gözün alabildiği kadar olan kanatlı beyaz develer onları karşılar. Ve onları cennetin kapısına götürürler."[9]

"Takvâ sahiplerini heyet halinde Rahmân'ın huzurunda topladığımız gün."[10]

"Rablerine karşı gelmekten sakınanlar ise, bölük bölük

---

[8] Enbiya, 103

[9] Hadis mevkuf olarak sahihtir. Bu hadisi Hafız İbn Ebü'd-Dünya, "Sıfatu'l-Cenne" eserinde uzun bir hadiste Ali (r.a.)'dan mevkuf olarak rivayet etmiştir. O hadisin senedinde Harisu'l-A'var bulunmaktadır ki, birçok hadis imamı bu şahsı zayıf saymıştır. Hafız Münzirî, Ali'den mevkuf olmasını sahih görür. İbnü'l-Kayyim: "Hadis garibtir. Merfu olması tartışılır. Bilinen ise, bu hadisin Ali (r.a.)'den mevkuf olmasıdır." Bk. "Terğıb ve't-Terhib", 4/243, "Hadi'l-Ervah" 139.

[10] Meryem, 85

cennete sevk edilir, oraya varıp da kapıları açıldığında bekçileri onlara: Selâm size! Tertemiz geldiniz. Artık ebedî kalmak üzere girin buraya, derler."[11]

Cennet yurdunun malı ne acayiptir!

Selâm yurdu ne geniştir! Kokusu ne güzeldir!

Genişliği gökler ve yer kadardır. Kokusu ise yüz senelik bir yoldan bile alınır. Kur'an-ı Kerîm'de:

"*Rabbinizden bir mağfirete; Allah'a ve peygamberlerine inananlar için hazırlanmış olup genişliği gökle yerin genişliği kadar olan cennete koşuşun*"[12].

Hadis-i şerifte: "Şüphesiz cennetin kokusu yüz senelik bir yoldan bile alınır."[13] Buyrulur.

Ey heyetler! İşte kapılar, haydi girin!!

Muttakilerin yurdunun sekiz kapısı vardır.[14]

Her kapının iki kanadının arası kırk senelik yoldur. Vallahi, öyle bir gün gelecek ki, izdiham dolayısıyla kapılar tıka basa dolacaktır.

Bu kapılardan birisi sırf oruçlulara ait olan Reyyan kapısıdır.[15]

Bizler yine bu kapıların halkalarının, altın levhalar üzerinde kırmızı yakuttan olduğunu da biliyoruz.

---

11 Zümer, 73

12 Hadîd, 21

13 Sahih hadistir. Hadisi bu lafızla Taberânî, Abdullah b. Amr'dan rivayet etmiştir. "Hâdi'l-Ervah",(151) da Ebû Hüreyre'den rivayet edilmiştir. Aynı şekilde Taberânî Ebu Bekre'den de rivayet etmiş, Abdürrezzak da "Musannaf"da, 19712 rivayet etmiştir. Bu hadisin sahih olduğuna İbnü'l-Kayyim "El-Kafiyetu'ş-Şafiye"de işaret etmiştir (2/ 321).

14 Buhârî, Hadis no: 3435; Müslim, Hadis no: 28, 46,

15 Buhârî, Hadis no: 1896; Müslim, 1252, (166) Reyyan: Susuzluğun giderilmesi, suya kanma, sulanma anlamlarına gelen "reyy" den türetilmiş içmeye kanmış anlamına gelir. Bu, oruçluların haline gayet uygundur.

Müslim, "Sahih"inde[16] Hz. Peygamber (s.a.v.)'den şu sözünü rivayet eder:

"Cennet kapılarından her iki kanadın arası kırk yıllık mesafedir. Gerçekten öyle bir gün gelecek ki, izdihamdan kapılar tıka basa dolacaktır."

Resûlullah (s.a.v.), Rahmâ'nın heyetinden bahsettiği bir hadisinde şöyle buyuruyor: "Onlar cennetin kapısına varırlar. Bir de bakarlar ki, altın levhalar üzerinde kırmızı yakuttan halkalar var."[17]

Cennetin kapısının yanındaki nedir?

Cennetin kapısı yanında, girer girmez girenin sağında veya solunda veyahut da önünde dibinden iki pınarın kaynadığı büyük bir ağaç vardır. O pınarlardan biri girenlerin içmesi için diğeri ise yıkanmaları için hazırlanmıştır. Girenler nimetin aydınlığı yüzlerine ulaşsın ve ebediyen sıkıntı çekmesinler diye ilkinden hemen içerler. İkincisinde de yıkanırlar. Böylece ebediyen saçları bir daha bozulmaz.

Kur'an-ı Kerîm'de:

"*Üzerlerinde yeşil ipekten ince ve kalın elbiseler vardır; gümüş bilezikler takınmışlardır. Rableri onlara tertemiz bir içki içirir.*" [18]

Hadis-i şerifte ise, Resûlullah (s.a.v.) şöyle buyurur: "Cennetin kapısı yanında dibinde iki pınarın kaynadığı bir ağaç vardır. Birinden içtiklerinde nimetin aydınlığı yüzlerine ulaşır. Diğerinden içtiklerinde ise, saçları ebediyen bozulmaz.[19]

---

[16] Müslim, 2967

[17] Bu hadisin tahrici daha önce geçmişti. Bu hadis Münzirî'nin sahih dediği, Ali (r.a.)'dan rivayet edilen hadisten bir parçadır. İbn Kayyim de Ali (r.a.) dean mevkuf olmasında ona uymuştur.

[18] İnsan, 21

[19] Tahrici geçen hadisten bir bölümdür.

Cennete giren gruplar

Ey okuyucu kardeşim! Şimdi sözü, giren grupları anlatan Resûlullah'a bırakalım. Onu dinle bak ne diyor: "Cennete ilk girecek grup, yüzleri ayın, on dördüncü gecesindeki gibi parlak bir şekilde girer. Sonra bunların arkasından girecek olanlar da gökte en parlak ışık yayan yıldızın parlaklığı gibidirler. Cennetlikler orada küçük büyük tuvalet ihtiyacı hissetmezler, tükürmezler, sümkürmezler, tarakları altın, terleri misk, buhurdanlıkları güzel kokulu çubuktur. Eşleri huriler (iri ve şahin gözlü dilber) dir. Onlar bir tek adamın yaratılışı, babaları Âdem'in yükseklikte altmış zira olan sureti üzeredirler."[20]

Onlar nasıl karşılanır?

İşte Rahman'ın heyeti... Ey Rıdvan! Haydi, onları karşıla.

Cennetin kapısına ayak basar basmaz, başlarında cennetin bekçisi Rıdvan olmak üzere tüm melekler, tebrik ve selamla onları karşılarlar.

Allah Teâlâ:

"*Rablerine karşı gelmekten sakınanlar ise, bölük bölük cennete sevk edilir, oraya varıp da kapıları açıldığında bekçileri onlara: Selâm size! Tertemiz geldiniz. Artık ebedî kalmak üzere girin buraya, derler. Onlar: Bize verdiği sözde sadık olan ve bizi, dilediğimiz yerinde oturacağımız bu cennet yurduna vâris kılan Allah'a hamdolsun. İyi amelde bulunanların mükâfatı ne güzelmiş! Derler.*"[21]

Köşklerde ne var?

Allahu ekber, Allahu ekber!!

Cennetliklerin ikram edeni, nimetlendireni Allah iken, onların köşklerini nitelemeye kimin gücü yeter? Onların nimet ve sevinçlerini kim niteleyebilir? Allah Teâlâ buyuruyor:

---

20 Buhârî, Hadis no: 3327; Müslim, Hadis no: 2834
21 Zümer, 73- 74

"Ne yana bakarsan bak, (yığınla) nimet ve ulu bir saltanat görürsün. Üzerlerinde yeşil ipekten ince ve kalın elbiseler vardır; gümüş bilezikler takınmışlardır. Rableri onlara tertemiz bir içki içirir."[22]

Ey okuyucu kardeşim! Kuşkusuz bu köşklerle ve ihtiva ettiği daimi nimetlerle ilgili birtakım konuşmaları bize yapabilecek sadece Peygamber (s.a.v.) dir. Öyleyse buyurun, veciz hadislerden birine kulak verelim: "İşte bu cennete gireceklerin en sonuncusu olan adam:

—Ya Rabbi beni insanlara kavuştur, onlara kat, der.

Allah:

—İnsanlara katıl, der.

Bunun üzerine adam koşarak cennete gider. Tâ ki insanlara yaklaşınca onun için inciden bir köşk yükseltilir. Adam derhal secdeye kapanır. Ona:

—Başını kaldır. Ne oldu sana? denir.

Adam:

—Rabbimi gördüm, der.

Ona:

—O senin gördüğün, konaklarından biridir, denilir. Sonra bir adamla karşılaşır, hemen o adama secde etmeye hazırlanır.

Ona:

—Yapma, bırak, denir.

Adam:

—Ben senin meleklerden bir melek olduğunu sandım, der.

Karşılaştığı adam ona:

—Hayır, ben sadece senin muhafızlarından bir muhafız ve kölelerinden bir köleyim, der. Ve onun önünden, tâ ona sarayın kapısını açana dek yürür. O saray, ortası oyulmuş incidendir. Tavanları, kapıları, kilitleri, anahtarları hep o incidendir.

---

[22] İnsan, 20- 21

Onu yeşil astarlı bir cevher karşılar. Her cevher bir diğerinin renginde olmayan cevhere götürür. Her cevherin içinde tahtlar, eşler ve cariyeler vardır. Bu cariyelerin en aşağısı, üzerinde yetmiş giysi bulunan, bacağının iliği elbiselerinin altından gözüken iri gözlü huridir. Bu hurinin gönlü onun aynası, adamın gönlüde hurinin aynasıdır. Adam ondan bir kez yüz çevirdiğinde adamın gözünde o(nun güzelliği) yetmiş kat artar.

Adama:

—Yaklaş, denir. Adam derhal yaklaşır. Ona:

—Mülkün, gözünün ulaştığı yüz yıllık bir mesafededir.[23]

Hediyeler ve eşsiz mücevherler

Rahman'ın heyeti, saraylarına varıp nimetlere ulaşınca sevinç ve neşe onları kaplar. Onları tebrik eden melekler topluluğu, en güzel, en şahane hediyelerle heyetler hâlinde yanlarına gelirler ve:

"*Sabrettiğinize karşılık size selâm olsun! Dünya yurdunun sonu (cennet) ne güzeldir!*"[24] Derler.

Dereceler ne kadar farklı!

Subhânallah! Cennetliklerin dereceleri arasında ne büyük farklılıklar var! Sarayları ve konakları arası, dünyadaki imanlarındaki mükemmellik ve salih amellerinin çokluluğuna göre birbirinden ne uzaktır!

Buhârî ve Müslim, Hz. Peygamber'in şöyle dediğini rivayet ederler: "Şüphesiz cennet halkı, üstlerindeki köşk sahiplerini, aralarındaki uzak mesafeden dolayı sizin doğu veya batı ufkunda kavuşmakta olan parlak yıldızı gördüğünüz gibi görürler. Sahâbîler:

---

[23] Hafız Münzirî, "Terğib ve't-Terhib", 4/247-248, adlı eserinde: "Bu hadisi İbn Ebü'd-Dünya, Taberânî ve Hâkim, İbn Mes'ud'dan merfu olarak rivayet etmişlerdir. Taberânî'nin rivayet yollarından birisi sahihtir. Hâkim: İsnadı sahihtir", der. Bu hadis Müslim'de daha kısa olarak gelmiştir.

[24] Ra'd, 24

—Ey Allah'ın Resulü! Bunlar başkalarının ulaşamayacağı Peygamber yerleri midir, deyince, Resûlullah:

—Hayır, nefsimi elinde tutana yemin ederim ki, onlar Allah'a iman eden ve Peygamberleri tasdik eden birtakım insanlardır, dedi.[25]

Cennet yerine bakış

Ey kardeşim! Yer deyince ne sandın? Yoksa o, beyaz veya kırmızı toprak mı? Yoksa onun çakılları rengârenk güzel taşlardan mıdır? Yoksa binalarının duvarları gayet güzel tuğladan mıdır? Yoksa bu tuğlaları birbirine tutturmak için aralarına konan harç malzemesi, beyaz kum mavi çimento karışımı mıdır?

Bil ki, ey okuyucu kardeşim! Bu sorularına, orayı gören ve orada bir zaman yaşamış olan Resûlullah (s.a.v.) gibi hiç kimse cevap veremez. İşte onun ashabı, ona cenneti soruyorlar: "Ey Allah'ın Resulü! Bize cenneti anlat. O neden yapılmıştır?"

Resûlullah (s.a.v.) diyor ki: "Altın ve gümüş tuğladan, misk çamuruyla yapılmıştı! Cennetin çakılları inci ve yakuttan, toprağı, zaferandandır. Kim cennete girerse, hiçbir sıkıntı görmeksizin, konforlu bir hayat sürer. Ölümsüz, ebedî olarak yaşar. Elbisesi eskimez, gençliği yok olmaz.[26]

Adn cennetine!

Adn cennetinin ne olduğunu biliyor musun? Allah dostlarına ikram yurdu, iyilerin konağıdır.

Ey kardeş! Allah'ın bina ettiği yurt, ağaçlarını Allah'ın diktiği bahçe, Allah'ın, kendine isyan etmeden itaat eden kimselere hazırladığı nimetler hakkında ne düşünüyorsun?

---

[25] Buhârî, Hadis no: 3256; Müslim, Hadis no: 2831
"*Rabbinizden bir mağfirete; Allah'a ve Peygamberlerine inananlar için hazırlanmış olup genişliği gökle yerin genişliği kadar olan cennete koşun*". (Hadid, 21)

[26] Hasen bir hadistir. Tirmizî, Hadis no: 2526, Ahmed, 2/305-445, Dâremî, 2/333. Elbânî, "Camiu's-Sağîr" 2111 ve "Tahricu'l-Mişkat"ta bu hadisin hasen olduğunu söyler.

Ey kardeşim!

Bunlar hakkında Resûlullah'ın açıklamasından başkası gönlüne şifa vermez.

Öyleyse haydi, Taberânî'den[27] ceyyid senetle nakledilen Resûlullah'ın hadisini dinle:

"Allah adn cennetini bizzat eliyle yaratmıştır. Bir kerpicini beyaz inciden, bir kerpici kırmızı yakuttan, bir kerpicini de yeşil zebercetten yaratmıştır. Harcını misk, bitkisini zaferan, çakıllarını inci ve toprağını da amberden, yaratıp, sonra ona: "Konuş" dedi. Cennet: "*Müminler gerçekten felaha erdi*" (ayetini okudu) dedi."

Çadırlarda

Allah Teâlâ'nın şu sözünden dolayı kesinlikle cennette çadırlar vardır:

"*Çadırlar içinde sahiplerine tahsis edilmiş hûriler vardır.*"[28]

Fakat bu çadırların çeşidi nedir? Şekli nedir? Hangi maddeden yapılmıştır? Güzelliklerinin ve mükemmelliklerinin sınırı nedir?

Resûlullah (s.a.v.) oradaki bir çadırı nitelerken şöyle buyuruyor:

"Muhakkak mü'min için cennette, içi boş bir inciden, yüksekliği altmış mil, genişliği altmış mil olan bir çadır hazırlanmış-

---

[27] Müellif Taberânî'den diyorsa da, esasen bu hadisi Hafız İbn Ebü'd-Dünya'dan rivayet edilmiştir. Nitekim Münzirî "Terğib ve't-Terhib" 4/252 Enes'den rivayet edildiğini söyler. İbn Kesîr'de "el-Bidaye ve'n-Nihaye"de aynı senedi vererek zikretmiştir. Bu hadisin isnadında Muhammed b. Ziyad el-Kelbî vardır ki bu zayıftır. Yine Bişr b. Hüseyin de metruk birisidir. (mütercimin notu: Kitabın Arapçasını Tahkik eden, her ne kadar yukarıda tercümesini verdiğimiz ifadeleri söyleyip hadisin senedi zayıf dese de Tergib'te de birçok rivayet vardır ki, musannıfın dediği, Taberânî'den ceyyid isnatla, değişik lafızla geçmektedir. "Terğib"e bakınız.)

[28] Rahman, 72

tır. Mü'min için orada aileler vardır. Mü'min onları dolaşır da onlar birbirini göremezler."[29]

Çadırlardan çarşıya

Subhanallah! Cennette çarşılar olur mu? Nasıl olmaz ki, Allah Teâlâ şöyle buyuruyor:

"*Gafûr ve rahîm olan Allah'ın ikramı olarak orada sizin için canlarınızın çektiği her şey var ve istediğiniz her şey orada sizin için hazırdır.*"[30]

İşte bu ayetlere göre; cennetliklerden birisinin, özellikle dünya pazarlarında kazancını artıran tüccar mü'minlerden birisinin canı çarşılardan bir çarşıya girmek ve kâr elde etmek isteyebilir. Derhal Allah Teâlâ, nimet yurdunda onlara olan ihsanını tamamlamak için, uğrayacakları çarşılar yaratır.

İşte Müslim, cennetteki çarşılarla ilgili hadisi bizler için tahriç ederek diyor ki: "Enes b. Malik (r.a.) Resûlullah'ın şöyle dediğini söyler:

"Hakikaten cennette, cennetliklerin, her cuma geldikleri bir çarşı vardır. Oraya geldiklerinde şimal rüzgârı eserek elbiselerine ve yüzlerine vurur. Böylece güzellikleri ve cemâlleri artar. Ardından ailelerinin yanlarına döndüklerinde aileleri onlara: "Vallahi, bizden ayrıldıktan sonra sizin güzellik ve cemâliniz fazlalaşmış" derler. Onlar ailelerine: "Vallahi bizden sonra sizin de güzellik ve cemâliniz artmış" derler.

Ağaçlarla ırmaklar arasında

Ey okuyucu kardeşim! Elini ver, biraz cennetin ağaçları ve nehirleri arasında dolaşalım. Bu daimî nimetle nefsimizi biraz olsun ferahlatalım. Haydi, cennetin tüm ırmaklarının kaynağı olan dört ırmağa gidelim. O ırmaklar; su ırmağı, süt ırmağı, şarap ırmağı ve bal ırmağıdır. Nitekim bunları Rabbimiz şöyle haber veriyor:

---

[29] Buhârî, Hadis no: 3243; 4878, Müslim, Hadis no: 2838
[30] Fussilet, 31-32

"Müttakîlere vaadolunan cennetin durumu şöyledir: İçinde bozulmayan sudan ırmaklar, tadı değişmeyen sütten ırmaklar, içenlere lezzet veren şaraptan ırmaklar ve süzme baldan ırmaklar vardır."[31]

Kevser'e, Hz. Peygamberin ve ümmetinin havuzuna da bir uğrayalım; çünkü o cennetin en güzel ve en büyük ırmaklarındandır. Nitekim Buhârî, Peygamberimizin şöyle dediğini anlatır:

"Ben cennette yürüdüğüm sırada bir nehir gördüm. İki tarafında inciden oyulmuş kubbeler vardı. "Ey Cibrîl! Bu nedir?" diye sordum. Cibrîl: "Bu nehir Rabbinin sana vermiş olduğu Kevser'dir" diye cevap verdi. Ben baktım ki, onun çamuru -yahut kokusu- keskin ve misk idi."[32]

Başka bir defada, Tirmizî'nin rivayet ettiğine göre şöyle demiştir:

"Kevser cennetedir. Onun iki yanı altından, yatağı inci ve yakuttandır; toprağı miskten hoş, suyu baldan tatlı, kardan beyazdır."[33]

İşte bunlar, gördüğümüz, onlardan bahsetmekle nefislerimizi suya kandırdığımız nehirlerdir. Öyleyse haydi! Bir de cennetin ağaçlarına ve meyvelerine bakalım.

Bunlardan bir bölümünü bize, hadisin ravisi Buhârî[34] rivayet etsin. Onu dinleyelim:

Resûlullah (s.a.v.) buyurdu ki:

"Gerçekten cennette bir ağaç vardır. Binekle giden, onun gölgesinde yüz sene gider de sonuna gelemez. İsterseniz şu ayeti okuyun:

---

31 Muhammed, 15

32 Buhârî, Hadis no: 6581

33 Sahih hadistir. Tirmizî, Hadis no: 3358, Abdullah b. Amr'dan rivayet etmiş ve "hasen sahih bir hadistir" demiştir. Elbânî de "Sahihu'l-Cami's-Sağir", 4491 ve "Tahricu'l-Mişkat", 5641'tâ sahih olduğunu söyler.

34 Buhârî, Hadis no: 3252, 3253 Müslim, Hadis no: 3826, âyeti vermeden zikretmiştir. Fakat âyet, Ahmed'in Müsned'inde vardır, 2/583

"Uzamış gölgeler, çağlayarak akan sular..." [35]

İbn Abbas bu uzun gölgeden bahsederken şöyle der: "Cennette, hızlı bir binicinin çevresini yüz senede dolaşabileceği kadar büyük bir ağaç vardır. Cennet halkı, köşkler halkı ve diğerleri onun gölgesinde sohbet etmek için konaklarından çıkarlar. Onlardan bazıları dünyanın eğlencesinden bahsetmek ister. Bunun üzerine Allah, cennetten bir rüzgâr gönderir de bu ağaç, dünyadaki tüm çalgı sesleriyle sallanmaya başlar." Bunu Tirmizî rivayet etmiş ve hasen demiştir.[36]

Hâkim'in rivayet edip hasen[37] dediği şöyle bir rivayet de vardır: "Cennet hurmasının kökü yeşil zümrütten, yaprağı ise kırmızı altındandır. Yaprakları cennet ehlini örter. Elbiseleri ondandır. Meyveleri kova gibi büyük, sütten beyaz, baldan tatlı ve kaymaktan daha yumuşaktır, içinde çekirdekte yoktur."

Cennetin yiyecekleri

Cennette yiyecekler bulunur mu?

Evet, orada yiyecekler ve içecekler vardır. Bunları sana, Kur'an gibi, kimse haber veremez.

İşte bunlardan birçoğunu anlatan ve sana niteliklerinden bahseden Kur'an'ı dinle:

"Yanlarında, gümüş kaplar ve billûr kâselerle, gümüş beyazlığında (billûr gibi) şeffaf kupalarla dolaşılır ki, sâkiler bunu (cennet şarabını) ölçüsünce tayin ve takdir ederler.

---

[35] Vakıa, 30 -31

[36] Şeyh'in: "Tirmizî hasen olarak rivayet etmiştir" sözü, doğru değildir. Münzirî'nin "Terğib"inde (4/256) nisbet ettiği, Şeyh Ebû Bekir'in de kendisine tâbi olduğu bu hadis Tirmizî'de yoktur. Bu haberi İbn Ebü'd-Dünya ve Ebû Hâtim rivayet etmiştir. Nitekim Fethu'l- Bârî, 6/327; Tuhfetu'l-Ahvezî 7/227; "Hadi'l-Ervah" 154; Nihayetu'l-Bidaye ve'n-Nihaye", 455'te hadis geçmektedir.

[37] Mevkuf olarak sahihtir. Bu merfu hükmündedir. Hâkim, 2/475, 476, Beğavi, "Şerhu's-Sünne" 15/221. Hakim: "Bu Müslim'in şartına göre sahihtir. Her ikisi de bunu tahriç etmemiştir." der. Bu hususta Zehebî de ona muvafakat eder. Yine bu hadisi Münzirî, "Terğıb" 4/528, ceyyid bir senetle İbn Ebi'd-Dünya mevkuf olarak rivayet etmiştir der.

Onlara orada bir kâseden içirilir ki (bu şarabın) karışımında zencefil vardır. (Bu şarap) orada bir pınardandır ki adına Selsebîl denir."[38]

"Ey ayetlerimize inanan ve müslüman olan kullarım! Bugün size korku yoktur. Sizler üzülmeyeceksiniz de Siz ve eşleriniz, ağırlanmış olarak cennete giriniz! Onlara altın tepsiler ve kadehler dolaştırılır. Orada canlarının istediği, gözlerinin hoşlandığı her şey vardır. Ve kendilerine: "Siz, orada ebedî kalacaksınız, işte yaptıklarınıza karşılık size miras verilen cennet budur. Orada sizin için bol bol meyveler vardır, onlardan yersiniz." denilir.[39]

"Çevrelerinde, (hizmet için) ölümsüz gençler dolaşır; Maîn çeşmesinden doldurulmuş testiler, ibrikler ve kadehlerle. Bu şaraptan ne başları ağrıtılır, ne de akılları giderilir. (Onlara) beğendikleri meyveler, canlarının çektiği kuş etleri vardır."[40]

Resûlullah (s.a.v.) cennet halkının yemelerini ve içmelerini anlatıyor ve onları niteleyerek şöyle buyuruyor:

"Cennetlikler orda yiyip içerler; ama sümkürmezler tuvalet ihtiyacı hissetmezler. Lakin o yedikleri, misk sızıntısı gibi bir geğirtiyle onlardan çıkar. Kendilerine nefes almaları ilham edildiği gibi, tesbih ve hamd etmeleri de ilham olunur."[41]

Yine Resûlullah (s.a.v.) şöyle buyurur:

"Bütün cennet halkının en aşağısı olan kimsenin başında on bin hizmetçi dikilir. Her hizmetçinin elinde iki tepsi vardır. Tepsilerden biri gümüş, diğeri ise altındandır. Her tepside diğerinde olmayan renkler vardır. O tepsilerin en sonuncusundan da ilkinden yediği gibi yer. En sonundakinden aldığı lezzeti ilkinden alamaz. Ardından bu yenilenler misk sızıntısı ve ge-

---

[38] İnsan, 15-18
[39] Zuhruf, 68-73
[40] Vakıa, 18-21
[41] Müslim, Hadis no: 2835

ğirme olarak bedeninden çıkar. Tuvalet ihtiyacı hissetmezler, sümkürmezler"[42]

Elbiseler ve süsler

Ey okuyucu kardeş! Cennet halkının elbiseleri ve süsleri ile ilgili bir şey bilmek istiyor musun? O hâlde seni bunların bazılarını anlatan Kur'an-ı Kerîm ile baş başa bırakayım. Öyleyse Kehf suresinde anlatılanları dinle:

"İşte onlara, alt taraflarından ırmaklar akan Adn cennetleri vardır. Onlar Adn cennetlerinde tahtlar üzerine kurularak orada altın bileziklerle bezenecekler; ince ve kalın ipekten yeşil elbiseler giyecekler. Ne güzel karşılık ve ne güzel kalma yeri!" [43]

"Üzerlerinde yeşil ipekten ince ve kalın elbiseler vardır; gümüş bilezikler takınmışlardır. Rableri onlara tertemiz bir içki içirir."[44]

"Muhakkak ki Allah, iman edip iyi davranışlarda bulunanları, zemininden ırmaklar akan cennetlere kabul eder. Bunlar orada altın bileziklerle ve incilerle bezenirler. Orada giyecekleri ise ipektir."[45]

Resûlullah (s.a.v.) ise, bu büyük nimetleri şöyle nitelendiriyor:

Cennete giren müreffeh bir hayat sürer. Asla sıkıntıya girmez. Elbiseleri eskimez, gençliği solmaz.

"Cennette hiçbir gözün görmediği, hiçbir kulağın duymadığı ve hiçbir insanın aklına gelmeyen nimetler vardır."[46]

"Sizden cennete giren herkes mutlaka Tûba'ya götürülür. O da derhal tomurcuklarını o kişiye açar. Adam da ister kır-

---

[42] Münzirî "Terğîb" 4/250, "Bunu İbn Ebü'd-Dünya, Taberânî rivayet etmiş; lafız Taberânî'ye aittir, ravileri sikadır." der.

[43] Kehf, 31

[44] İnsan, 21

[45] Hac, 23

[46] Buhârî, Hadis no: 3244, Müslim, Hadis no: 2824 Parantez arası Buhârî ve Müslim'e aittir diğeri ise geçtiği gibi Ahmed'e aittir.

mızı, ister beyaz, ister yeşil, ister sarı ve isterse gelincik gibi kumral olanlardan, daha güzel, parlak ve mükemmel olanlarından dilediğini alır."[47]

Yataklar ve koltuklar

Ey kardeşim! Gerçekten nimet yurdu cennetlerin nimetleri sayılamayacak ve nitelendirilemeyecek kadar çok büyüktür. Bitmeyen, eskimeyen şeyler nasıl sayılabilir? Mahiyeti anlaşılmayan, başı sonu bilinmeyen, nasıl nitelendirilebilir?

Abdullah b. Mes'ud ayeti okumuş:

"*Hepsi de örtüleri atlastan minderlere yaslanırlar. İki cennetin de meyvesinin devşirilmesi yakındır.*" [48]

Ve: "Size astarlarının nasıl olduğu haber verilmiş, ya onların dışları nasıldır?"[49] Demiştir.

Allah'ın: "*Kabartılmış döşekler üstündedirler.*"[50] Âyeti hakkında: "O döşeğin üzerine bir şey atılsa dibine yüz senede ancak ulaşır." denilmiştir.[51]

Ey okuyucu kardeşim! Şimdi sözü cennetliklerin yataklarından ve koltuklarından bahseden Kur'an-ı Kerîm'e bırakıyoruz:

"*(Hayırda) önde olanlar, (ecirde de) öndedirler. İşte bunlar, naîm cennetlerinde (Allah'a) en yakın olanlardır. Bunların birçoğu önceki ümmetlerdendir. Birazı da sonrakilerdendir.*

---

[47] İbn Ebü'd-Dünya, Ebû Ümame'den merfu olarak rivayet eder. Nitekim Münzirî de "Terğîb" de 4/261 böyle söylemiştir.

[48] Rahman, 54

[49] Hâkim, "Müstedrek", 2/475, İbn Mes'ud'dan mevkuf olarak tahriç etmiş ve: "Bu hadis, iki şeyhin şartına göre sahihtir. Ama tahriç etmemişlerdir." demiştir. Münzirî "Terğîb", 4/262: Hasen bir isnatla Beyhakî İbn Mes'ud'dan mevkuf olarak rivayet etmiştir." der.

[50] Vakıa, 34

[51] Münzirî, "et-Terğîb ve't-Terhîb," 4/262: "Taberânî ve diğerleri -Ebû Ümame'ye mevkuf olması daha doğrudur- rivayet ederler. "İbn Kayyim, "Hâdi'l-Ervah, 1/192'da buna işaret etmiş ve şöyle demiştir: "Bu hadisin merfu olması tartışılır. Bunu İbn Ebü'd-Düny, Ebû Ümame'den mevkuf olarak rivayet etmiştir."

Cevherlerle işlenmiş tahtlar üzerinde, karşılıklı olarak oturup yaslanırlar."[52]

"Hepsi de örtüleri atlastan minderlere yaslanırlar. İki cennetin de meyvesinin devşirilmesi yakındır."[53]

"Yeşil yastıklara ve harikulâde güzel döşemelere yaslanırlar."[54]

"Sabretmelerine karşılık onlara cenneti ve (cennetteki) ipekleri lütfeder. Orada koltuklara kurulmuş olarak bulunurlar; ne yakıcı sıcak görülür orada, ne de dondurucu soğuk."[55]

"O gün birtakım yüzler de vardır ki, mutludurlar; (dünyadaki) çabalarından hoşnut olmuşlardır, yüce bir cennettedirler. Orada boş bir söz işitmezler. Orada (cennette) devamlı akan bir pınar, orada yükseltilmiş tahtlar, konulmuş kadehler, sıra sıra dizilmiş yastıklar, serilmiş halılar vardır."[56]

İri gözlü hurilerle beraber

Kardeşim! Allah Teâlâ beni ve seni cennetin sakinlerinden eylesin. İşte sana selâm yurdunun kadınlarını anlatan Kur'an-ı Kerimden bazı ayetler. Onları saygı ve hürmetle, can kulağıyla dinle:

"Gerçekten biz o kadınları apayrı biçimde yarattık. Onları, eşlerine düşkün ve yaşıt bakireler kıldık, Bütün bunlar sağdakiler içindir."[57]

"Oralarda gözlerini yalnız eşlerine çevirmiş güzeller var ki, bunlardan önce onlara ne insan, ne de cin dokunmuştur."[58]

"Yanlarında güzel bakışlarını yalnız onlara tahsis etmiş, iri

[52] Vakıa, 10- 16
[53] Rahman, 54
[54] Rahman, 76
[55] İnsan, 12-13
[56] Ğaşiye, 10-16
[57] Vakıa, 35-37
[58] Rahman, 56

gözlü eşler vardır. Onlar, gün yüzü görmemiş yumurta gibi bembeyazdır."[59]

"Yanlarında, eşlerinden başkasına bakmayan, kendilerine yaşıt güzeller vardır. İşte, hesap günü için size vaad olunan şeyler bunlardır."[60]

"Şüphesiz takva sahipleri için umulanı buldukları yer, bahçeler, üzüm bağları, göğüsleri tomurcuk gibi kabarmış yaşıt kızlar, içki dolu kâseler vardır."[61]

Bu ayetlerden sonra şimdi de bu daimi nimetleri bize anlatan, iri gözlü huriler üzerindeki perdeyi bize açan Resûlullah (s.a.v.)'a kulak verelim. Verelim ki, arzu ve aşkımız artsın, onlarla birlikte olacağımız bir hayata bizi kavuşturacak adımları atmada teşvikçi olsun.

Bir keresinde Resûlullah (s.a.v.) şöyle anlatmıştır:

"Sabahleyin veya akşamleyin herhangi bir zamanda Allah yolunda bir yürüyüş hiç şüphesiz dünyadan ve dünyanın içindekilerden hayırlıdır. Elbette ki cennette herhangi birinizin yayının arası kadar veya ayağının yeri kadar olan bir yer dünyadan ve dünyadaki her şeyden daha hayırlıdır. Şayet cennet ehli kadınlardan bir kadın yeryüzüne inmiş olsaydı, muhakkak yer ile gök arasını aydınlatır ve ikisinin arasını hoş bir kokuyla doldururdu. Kuşkusuz o kadının başörtüsü dünyadaki her şeyden hayırlıdır."[62]

"Gerçekten cennete girecek ilk zümrenin suretleri dolunay suretinde, ondan sonra girecek olanların suretleri gökyüzündeki parlak yıldızların ışığı şeklinde olacaktır.

Her birine iki zevce verilecek ki, bacaklarının ilikleri etin ardından görülecektir. Cennette bekâr olmayacaktır."[63]

Şayet cennet halkının kadınlarından biri dünyaya yaklaşıp

---

[59] Saffat, 48-49
[60] Sa'd, 52-53
[61] Nebe, 31-34
[62] Buhârî, Hadis no: 6567, 6568
[63] Müslim, Hadis no: 2834

da görünse, yeryüzü misk kokusuyla dolar, ayın ve güneşin ışığı kaybolurdu."[64]

Şarkı ve eğlence

Gel, kardeşim! Kıyamet gününden önce biraz eğlenelim. Tirmizî[65] Resûlullah (s.a.v.)'ın şöyle dediğini rivayet eder:

"Şüphesiz cennette iri gözlü hurilerin bir toplantısı vardır. Yaratılmışların bir benzerini duymadığı seslerini yükselterek şöyle derler: "Bizler ebedileriz, yok olmayız. Bizler lüks hayat yaşayanlarız, sıkıntı görmeyiz. Bizler hoşnut olanlarız, gücenmeyiz. Bizim için olanlara bizim de kendilerine ait olduklarımıza müjdeler olsun!"

Ey okuyucu kardeşim! İşte sana iri gözlü hurilerin bir başka toplantısı. Onların toplantısı ne acayiptir! Arkanda bir nehir ki iki yanında iri gözlü huriler dizilmiş. Vallahi, benzerini hiç duymadığın sesleriyle şarkı söylüyorlar. Ebû Hureyre -Allah ondan razı olsun- diyor ki:

"Şüphesiz cennette cennetin boyunca bir nehir var ki, iki yanında karşılıklı dikilmiş, yaratılmışların benzerini duymadığı en güzel sesleriyle şarkı söyleyen bakireler vardır."

---

64 Münzirî, "et-Terğîb ve't-Terhîb, 4/263 rivayet eder ve: Taberânî ve Bezzâr rivayet etmiş, mütabaatlarla isnadı hasendir.

65 Bu hadisin isnadı zayıftır. Tirmizî, Hadis no: 2564 Tirmizî şu sözüyle bunu zayıf sayar: "Bu, Ali b. Ebü Talib'in hadisinden garip bir hadistir." Elbânî de "Mişkat" 3 / 5649'te zayıf saymaktadır.
Cennet ehlinin eşlerinin şarkı ve eğlence yapmalarına dair sahih hadisler vardır. İşte onlardan bazıları: Tayâlisî, Taberânî "Sağîr", İbn Ömer hadisinde şu lafızla rivayet eder:
"Cennet halkının eşleri, hiç kimsenin benzerini dinlemediği, en güzel sesleriyle eşlerine şarkılar söyleyeceklerdir. Şarkılarından bazıları şöyledir: Bizler iyi kalpli güzelleriz. İyi insanların eşleriyiz. Eşlerine sevinçle bakarlar." Yine söyleyecekleri şarkının sözlerinden biri de şudur: "Bizler ebedileriz, ölmeyiz. Bizler eminleriz, korkmayız. Bizler mukimleriz, göçmeyiz."
Heysemî, "Mecmau'z-Zevâid", 10/419'te rivayet eder ve: Bunu Taberânî "Sağîr ve Evsât" ta sahih'in ricali ile rivayet etmiştir." der. Elbânî de bu hadisi "Sahihu'l-Camii's-Sağîr", 1557'de sahih saymıştır.

Ebû Hureyre'ye: "Bu şarkı nedir?" denildiğinde o: "İnşallah tesbih, tahmid, takdis ve Allah Teâlâ'ya övgüdür." demiştir.

Cennette at

At sevdalılarına, ata binmeye ve sırtında gitmeye düşkün olanlara, lezzet alıp mutlu olacakları başka bir nimet daha vardır.

Gerçekten sizler için kırmızı yakuttan, sizi istediğiniz yere uçuracak kanatlı atlar vardır. Abdurrahman b. Said -Allah ondan razı olsun- diyor ki: "Ben atları çok seven biriyimdir. Bu nedenle Resûlullah (s.a.v.)'a: "Ey Allah'ın Resûlü: Cennette at var mı?" dedim. Buyurdu ki: "Ey Abdurrahman! Eğer Allah seni cennete sokarsa, seni istediğin yere uçuracak olan kırmızı yakuttan kanatlı bir atın olacaktır."[66]

Anam babam ona feda olsun, buyuruyor ki: "Şüphesiz cennette bir ağaç vardır. Bunun altından elbiseler çıkar. Üstünden ise altından eğerli bir at çıkar. Bu at, yakuttan incilerle gemlenmiş, tersi ve idrarı olmayan, kanatlı ve adımı göz alabildiği kadar uzak olan bir attır ki, cennet ehli ona biner de onları diledikleri yere götürür. Ona binenlerden derecesi daha aşağı olanlar derler ki:

"Ey Rabbimiz! Tüm bu ikramlara senin bu kulların ne ile ulaştılar? Onlara şöyle denir: Sizler uyurken, onlar namaz kılarlardı. Sizler yerken onlar oruç tutarlardı. Sizler cimrilik ederken onlar infak ederdi. Ve sizler korkarken onlar cihad ederdi."[67]

---

[66] Heysemî, "Mecma", 10/413'te rivayet etmiş ve: "Taberânî rivayet etmiş, ricali sikadır."

[67] İsnadı zayıftır. Münzirî, "et-Terğîb ve't-Terhîb" 4/269,de dediği gibi, bu hadisi İbn Ebü'd-Dünya rivayet etmiştir. İbn Kesîr "Nihayetu'l-Bidaye ve'n-Nihaye" de senedini getirir. Bu hadisin senedinde Ca'fer b. Bişr el-Basrî vardır ki, "Mizan"da da dendiği gibi, razı olunan birisi değildir.

Cennetliklerin birbirleriyle ziyaretleşmeleri

Cennetliklerin, orada arzuladıkları ve istedikleri her şey varsa, dünyada Allah sevgisinin ve yolunda yürümenin bir araya getirdiği birleştirdiği kardeşlerin birbirlerini ziyaret etmelerinden nefse daha hoş ne gelebilir?

Buna göre derecelerinin, makamlarının yüksekliğindeki ve konaklarının yüceliğindeki farklılığa rağmen cennette sevinecekleri ve hoşnut olacakları ziyaretleşmeler olacak mı?

Evet, değerli kardeşim; olacak. Niye olmasın ki? Hem nasıl olmaz? Sen de biliyorsun ki, onlara canlarının istediği, hoşlarına gidecek her şey vardır. Aşağıdaki hadisi bize rivayet eden Bezzâr'ı dinleyelim:

"Cennet halkı oraya girdiklerinde kardeşler birbirlerine özlem duyarlar. Hemen bunun tahtı onun tahtına, onunki bununkine doğru yürür. Nihayet hepsi bir araya gelir. Bu, koltuğuna yaslanır o yaslanır. Ardından biri, diğer arkadaşına: "Allah'ın bizleri ne zaman bağışladığını biliyor musun?" diye sorar.

Arkadaşı:

"Evet, şu günde, şu yerde Allah bizi çağırmış ve bağışlamıştı." der."[68]

Ebû Hureyre[69] ise bize rivayet ederek şöyle der:

"Şüphesiz cennet halkı, üzerlerinde sert ağaçtan yapılmış eğerleri olan, ayakları misk tozlarını kaldırarak yürüyen boz develer üzerinde birbirlerini ziyaret edeceklerdir. O develerden birinin yuları dünyadan ve içindekilerden daha hayırlıdır."

---

[68] İsnadı zayıftır. Bezzâr, "Keşfu'l-Estâr", 3553; Heysemi, "Mecma" 10/421: Ricalinde Said b. Dinar ve Rabî b. Sabîh'i bu ikisini zayıf ve güvenilir sayanlar olmuştur; bu ikisi hariç hepsi" Sahihin ricalidir" demiştir. Zehebî, "Mizan'da: Said b. Dinar, o da Rabi b. Sabîh den rivayet eder ki, mechuldür." der ve sonra da yukarıdaki hadisi nakleder.

[69] Münzirî, "et-Terğîb ve't-Terhîb" 4/269; İbn Ebü'd-Dünya mevkuf olarak rivayet etmiştir.

En onurlu ziyaret

Allah Teâlâ'yı ziyaret etmekten daha onurlu, daha büyük hangi ziyaret vardır? Hangi ziyaret Allah Teâlâ'yı ziyaret etmekten, nefsin daha çok arzulayıp sevdiği bir ziyarettir?

Ebû Nuaym, "Hilye"de[70] Hz. Ali'nin Peygamber (s.a.v.)'den şöyle dediğini rivayet eder:

"Cennet halkı cennete yerleştiğinde onlara bir melek gelir ve onlara: "Allah sizin kendisini ziyaret etmenizi emrediyor" der. Onlar da derhal toplanırlar. Allah Teâlâ, Davud'a emreder. O da tesbih ve tehlil ile sesini yükseltir. Sonra ebediyet sofrası konur." Bu hadisi dinleyenler: "Ey Allah'ın Resûlü! Ebediyet sofrası nedir?" Resûlullah (s.a.v.): "Köşeleri doğuyla batıdan daha geniş olan bir sofradır. Onlar ondan yerler, içerler; sonra giydirilirler. Ardından: "Rabbimizin yüzüne bakmaktan başka bir şey kalmadı" derler. Allah Teâlâ hemen onlara tecelli eder. Onlar derhal secdeye kapanırlar. Onlara: "Sizler amel yurdunda değilsiniz. Sizler ancak mükâfat yurdundasınız." denir."

Cennetliklere Allah'ın selâmı

Cennetlikler böyle konforlu bir hayat sürerlerken, üzerlerinden kendilerine bir nur doğar. Başlarını kaldırırlar ki Allah Teâlâ onlara üstlerinden baktığını görürler. Allah buyurur: "Ey cennet halkı! Size selâm olsun."[71]

Bu Allah Teâlâ'nın Yasin suresinde dediği sözdür:

"*Onlara merhametli Rabbin söylediği selâm vardır.*" [72]

---

[70] Hadisin zayıf olduğuna, Münzirî, et-Terğîb ve't-Tehrîb "Ruviye" lafzıyla işaret etmiştir. Bu ifade, hadisin onun yanında zayıf olduğunu gösterir. Nitekim kendisi kitabının Mukaddime'sinde buna işaret etmiştir. Elbânî'nin "Terğîb ve't-Terhîb'in sahihi'ndeki Mukaddime'sine bak. Bu, gerçekten önemli bir Mukaddime'dir.

[71] Hadisin isnadı zayıftır. İbn Mâce, 1/174, isnadında Ebû Asım el-Abadanî Abdullah b. Ubeyd, hadisi gevşek birisidir. Aynı zamanda el-Fadl el-Rakkaşî de Kaderiyeci olmakla itham edilen, hadisi kabul edilmeyen biridir. Nitekim "Takrib"te böyle denmiştir.

[72] Yasin, 58

Allah Teâlâ'ya baktıkları sürece içinde bulundukları hiçbir nimete dönüp bakmazlar. Tâ Allah onlardan gizleninceye kadar. Böylece Allah'ın bereketi ve nuru onlarla kalır.

Nitelenmesi mümkün olmayan nimet

Allah'ın kendi heyetlerine ve ikram yurdu sâkinlerine vaat ettiği nimetleri saymak, sınırını bilmek, bir yana onun niteliğini dahi hiçbir insan, ne kadar beyan sahibi bir dile de sahip olsa da niteleyemez. Allah Teâlâ, Resulü'nün diliyle buyuruyor ki: "Salih kullarıma hazırladığım şeyleri hiçbir göz görmemiş, hiçbir kulak duymamış ve hiçbir insanın hatırına gelmemiştir.[73]

Bu Kur'an-ı Kerîm'de şöyle geçer:

"*Yaptıklarına karşılık olarak, onlar için ne mutluluklar saklandığını kimse bilemez.*"[74]

En büyük nimet

"*Allah, mü'min erkeklere ve mü'min kadınlara, içinde ebedî kalmak üzere altından ırmaklar akan cennetler ve Adn cennetlerinde güzel meskenler vaadetti. Allah'ın rızası ise, hepsinden büyüktür. İşte büyük kurtuluş da budur.*"

Allah Teâlâ Kitabında: "*Allah'ın rızası ise, hepsinden büyüktür.*" buyurmuştur.

Allah, dostlarına ve heyetlerine Adn cennetinde hazırladığı daimî nimetleri anlattıktan sonra buyurur ki: "*Allah'ın rızası ise, hepsinden büyüktür.*"

İşte böylece anlaşılmış oluyor ki, Allah Teâlâ'nın selâm ve nimet yurdunda kullarının kavuşacağı en büyük nimetin, kendi rızası olduğunu açıklamıştır.

İşte İmam Buhârî en büyük nimet hadisini bize rivayet ederken, Resûlullah (s.a.v.)'ın şöyle dediğini söyler:

"Allah cennet ehline:

---

[73] Buhârî, Hadis no: 3244, Müslîm, Hadis no: 2824
[74] Secde, 17

—Ey cennet ehli! Diye seslenir.

Onlar:

—Buyur ey Rabbimiz! Emrini yapmaya hazır, kullukta daimiyiz. Hayır, senin iki elindedir! Derler.

Yüce Allah:

—Bu hâlinizden razı mısınız? buyurur.

Onlar da:

—Rabbimiz, nasıl razı olmayalım? Sen bize, yarattıklarından hiç kimseye vermediğin bunca nimetleri ihsan ettin, derler. Allah:

—Ben size bunlardan daha üstün bir nimet vereceğim, buyurur.

—Ya Rabbi! Bunlardan daha üstün hangi nimet var? Derler. Allah:

—Sizden razı ve hoşnut olmamı size helâl kılıyorum. Bundan sonra ebedî olarak size darılmayacağım, buyurur.[75]

Ey Allah'ım! Bizi sana itaat edenlerden, razı olduklarından eyle. Âmin.

Peygamberlere selâm olsun.

Âlemlerin Rabbi Allah hamd olsun…

[75] Buhârî, Hadis no: 6549; Müslim, Hadis no: 2829

İŞTE YOL BUDUR

Ey yolcular! İşte yol budur.

Sizi tanıtılan nimet yurdu cennete götürecek yol...

İşte bu, açık, işlek, üzerinde işaretler bulunan ve üstünde nurları olan cennetin yoludur. İşte sizler, o yolun başındasınız. Öyleyse ey yolcular! Ucunda cennetin kapıları açık olan bu yolda hızlı bir yürüyüşle yürüyün.

Buyurun, Resûlullah'ın iki hadisinde belirlediği yola:

1-"Sizleri gecesi gündüz gibi olan aydınlık bir yolda bıraktım. O yoldan ancak helâk olan sapar".[76]

2-"Ümmetimin hepsi cennete girecektir. Ancak tenezzül etmeyenler hariç." Denildi ki: "Ey Allah'ın Resulü! Kim cennete tenezzül etmez?" Buyurdu ki: "Her kim bana itaat ederse, cennete girecektir. Kim de bana isyan ederse, o cennete girmeye tenezzül etmeyendir."[77]

Gerçekten Resûlullah (s.a.v.) bu iki hadisiyle yolu açıklamış ve her basiret sahibi için yolu açıkça belirtilmiştir. Öyleyse ey kardeşlerim! Bu yolda dosdoğru, kardeşçe, birbirimizi severek, sâdıklar olarak ve bu yolda yardımlaşarak yürüyelim. Haydin gidelim! Haydin gidelim!

Bana müsaade ederseniz, önünüze düşüp, Rabbinizin

---

[76] Sahih bir hadistir. Bu hadis, Ahmed, 4/126, İbn Mâce, 3 ve Hakim, 1/96'in İrbad'dan rivayet ettikleri hadisin bir parçasıdır. Münzirî hasen demiş, "Terğîb" 1/46, Elbanî de sahih demiştir. "Tahri-cu's-Sünne, İbn Âsım" 2/26, 27,

[77] Buhârî, Hadis no: 7280

cennetine, ikamet ve ikram yurduna giden yolu nitelemek için sizlere öncü olmak istiyorum.

Ey yolcu kardeşim! Gerçekten yol, ikisi olumsuz ikisi de olumlu dört kelimenin arasındadır.

Olumsuzlar: Şirk ve günah.

Olumlular: İman ve salih ameldir.

İkamet ve ikram yurdu cennete götüren doğru yol, işte bu dört kelimeden ibarettir.

İki kelimeden oluşan "Lâ ilâhe illallah, Muhammedun Resûlullah" ile işaret edilenler bunlardan ibarettir.

Çünkü birinci sözle, Ğafûr, Vedûd olan Allah'tan başka hak mabud olmadığı ifade edilmektedir. Öyleyse iman ve yakîn ile sadece O'na kulluk et. Ve hem Allah'a hem de Resûlü'ne mükemmel bir doğruluk ve samimiyetle itaat ederek kulluk et.

İkinci kelime ise, Peygamber Muhammed'in Allah'a nasıl şirk koşmadan kulluk edileceğini öğreten elçisi olduğunu, onun açıklama ve rehberliği olmadan hiç kimsenin Allah'a doğru şekilde ibadet edemeyeceğini ifade eder.

Ey yolcu kardeş! Öyleyse şimdi "Lâ ilâhe illallah Muhammedun Resûlullah" sözünün işareti doğrultusunda yola koyulalım.

* Kesin olarak inanalım ki, bu âlemleri yaratan, kudreti, ilmi, dileği ve hikmetiyle bu âlemleri idare eden bizim de yaratıcımızdır. O bu âlemde yüce sıfatları ve en güzel isimleriyle tecelli etmiştir. O'nun yüce kudretiyle bu kâinat var olmuştur. Bu kâinatın varlığı ve durumu, Allah Teâlâ'nın ilmiyle uyumlu ve intizamlıdır. Kâinat sağlam ve eşsiz sistemiyle gayesine doğru gitmektedir.

* Kesin olarak inanalım ki, bu âlemlerin yaratılışında Allah'a hiçbir varlık ortak olmamıştır. Bu kâinatın idaresinde O'nunla birlikte hiçbir idareci de yoktur. Şayet olsaydı tüm âlemlerde kusur ve çekişmeler olur ve derhal yok olurlardı.

"*Eğer yer ve gökte Allah'tan başka tanrılar bulunsaydı, yer ve gök, (bunların nizamı) kesinlikle bozulup gitmişti. Demek ki Arş'ın Rabbi olan Allah, onların yakıştırdıkları sıfatlardan münezzehtir."*[78]

* Kesin olarak inanalım ki, Allah'ın yaratma ve idare etmede hiçbir ortağı olmadığına göre; öyleyse ibadet ve itaatte de onun hiçbir ortağı olamaz. Allah'tan başka, ister Allah'a yakın bir melek, ister gönderilmiş bir peygamber ve diğer yaratıklardan kim olursa olsun fark etmez, hiçbir kimseye kesinlikle ibadet edilemez. Bu ibadet ister namaz, dua, oruç, kurban, zekât ve adak olsun, isterse Allah'ın helâlini haram, haramını helal kılma veya Allah'ın yapılmasını farz kıldığını terk, haram kıldığını işleme gibi Allah'a isyan olan hususlarda kula itaat etme şeklinde olsun fark etmez. Bunlardan hiçbiri Allah'tan başkasına yapılamaz.

* Kesin olarak inanalım ki, peygamberlerin gönderilmesini, kitapların indirilmesini gerektiren neden insanların cennete giden yolu açıklaması için peygambere olan ihtiyaçlarıdır.

İşte bundan dolayı tüm peygamberleri tasdik edip, onlara uymak farzdır. Yine kitaplara iman edip onlardakilerle, Allah, başka hüküm ve şeriatlarla değiştirmediği sürece amel etmek de farzdır. Nitekim meleklere, kadere ve hesaba, yapılanların karşılığını görme anlamına gelen olan kıyamet gününe inanmak da farzdır. İşte bu dört nokta, doğru imanı kapsamaktadır. Ey yolcu! Öyleyse bizler cennete giden yolun dörtte birini geçmiş bulunuyoruz. İkinci dörtte biri ise amel-i sâlihtir.

* Öyleyse tam bir temizlikle temizlenerek namazı kılalım. Tüm farzları, şartları, sünnetleri ve adabıyla, cemaatle ve vaktinde namazı eda edelim. Böylece namazlarımız Resûlullah (s.a.v.)'ın namazına uygun olsun. Çünkü o şöyle diyor:

"Beni nasıl namaz kılıyor gördüyseniz, siz de öylece namazı kılın."[79]

---

[78] Enbiya, 22
[79] Buhârî, Hadis no: 631, 6008

* Mallarımızın zekâtını hak sahibi olan fakirlere, miskinlere, borçlulara ve cihad edenlere verelim.

Ve zekâtlarımızı verirken de mallarımızın iyisinden tam olarak ve kâmil bir ihlâsla verelim.

* Orucu bozan şeylerden kendimizi alıkoyarak, sözlerde, fiillerde, düşünce ve niyetlerde şüpheli şeylerden ve haramlardan uzak kalarak, ramazan orucumuzu tutalım.

* Resûlullah (s.a.v.)'ın iyiliklerle nitelenmiş haccı gibi Allah'ın evini haccedelim. İyiliklerle nitelenmesi cinsel içerikli konuşmalardan, fısk ve çekişmeden uzak, iyiliklerle dolu ve hayırlarla çevrili sahih bir şekilde eda edilmesi anlamına gelir.

* Allah'a isyanın dışında ana babamıza itaat hürmet edelim, güzel söz ve fiillerle onlara ihsanda bulunalım. Bütün bunları da onlardan sıkılmadan, onları incitmeden ve onlardan hoşnut olarak yapalım.

* Akrabalarımıza hürmet edip, onları ziyaret ederek, hâllerini sorarak, kendilerin yoklayıp, gücümüz nispetinde onlara yardım ederek, ilişkilerimizi sürdürelim.

* Komşularımıza kendilerine ikramda bulunarak ve eziyetten kaçınarak, onlara iyilikte bulunalım.

* Misafire, vacip olan ve barındırmayı yaparak, ikramda bulunalım.

* Mü'min kardeşimize, karşılaştığımızda selâm vermek, hapşırdığında "yerhamukellah" demek, öldüğünde cenazesini uğurlamak, hastalandığında ziyaret etmek ve yemin ettiğinde doğrulamak gibi haklarını yerine getirme esası üzere kurulu olan kardeşliği gerçekleştirerek, iyilik edelim.

* Söz, fiil ve hükümde adaletli olalım. Çünkü adalet, hepsinde gerekli olan bir farzdır. Dünya ve âhiret işleri ancak adaletle doğru olabilir, kulların ve ülkelerin işleri onunla düzelebilir.

Ey yolcu! İşte buraya kadar, yolun yarısı demek olan şirk ve günahları terk etmek tamamlanmış oldu. Öyleyse bıkıp usanmadan yürüyüşümüzü sürdürelim ve şirki terk edelim.

Şu şekilde şirki terk edelim:

1-Yaratılmışlardan kim olursa olsun Allah'ın izni olmadan kendine veya başkalarına fayda ve zarar veremeyeceğine inanarak şirki terk edelim. Buna göre, rağbet ve arzumuz Allah olsun, O'ndan başka hiç kimseye rağbet etmeyelim. Yaratılmışlardan istemeyelim. Başkasından şefaat istemeyelim, onu yardıma çağırmayalım. Çünkü Allah'tan başka veren ve yardım eden yoktur. Öyleyse tüm rağbetimiz O'na ve tüm korkularımız O'ndan olsun.

2-Allah'a ibadet olan herhangi bir işi, O'ndan başkasına yapmayarak, şirki terk edelim. Öyleyse Allah'tan başkası adına yemin etmeyelim, Allah'ın dostlarından herhangi bir velinin kabri başında hayvan boğazlamayalım.

Allah'tan başkasına adaklar adamayalım. Allah'tan başkasına dua etmeyelim ve O'ndan başkasından yardım istemeyelim.

3-Göz değmesini engelleyeceğini ve zararını ortadan kaldıracağına inanarak ip, kemik veya demir asmayalım ve böylece şirki terk edelim. Çünkü Allah'tan başka zararı giderecek yoktur.

4-Kâhinin (gelecekten haber veren) ve müneccimin (yıldız falcısı) gayb ilmine dair verdiği ve iddia ettiği haberlerine inanmayarak, şirki terk edelim. Çünkü Allah'tan başka gaybı bilen yoktur.

5-Allah'a isyan olan hususlarda hâkime, âlime, babaya, anaya veya bir şeyhe itaat etmeyerek, şirki terk edelim. Çünkü Allah'ın helâl kıldığını haram, haram kıldığını helâl kılan Allah'tan başka birisine itaat, rabliğinde Allah'a ortak koşmaktır.

Ey yolcu! işte bu beş adımla, mesafenin yarısını geçmiş olduk. Geriye sadece günahları terk etmek olan diğer yarısı kaldı. Bundan sonra cennetin kapısına varıyoruz ve inşallah, oraya girenlerle birlikte biz de giriyoruz. Öyleyse ey yolcu! Haydin, yürümeyi sürdürüyoruz.

* Beynimizi muhafaza edelim ki, zararlı şeyleri düşünmeyelim. Fesat, şer gibi kötülükleri planlamayalım.

* Kulağımızı koruyalım. Bu nedenle kötülük, çirkin söz, yalan, müzik, gıybet, dedikodu, müstehcen sözler ve küfür gibi bâtıl şeyleri dinlemiyoruz.

* Gözümüzü koruyalım. Dolayısıyla mahremimiz olmayan bir yabancı kadına, müslüman veya kâfir olsun, iffetli veya fâcir olsun, kendisine bakılması helâl olmayanlara bakışlarımızı sere serpe salmıyoruz.

* Dilimizi koruyalım. Onun için fuhuş, çirkin söz, kötülük, yalan, iftira, gıybet, dedikodu, sövme, karalama ve lanete müstahak olmayanları lânetleme gibi şeyler ağızdan çıkmasın.

* Midemizi koruyalım. Dolayısıyla yiyecek veya içecek olsun, hiçbir haramı midemize sokmuyoruz. Yine faiz, leş ve domuz yemiyor ve sarhoş edici şeyleri içmiyoruz. Tütün veya tömbeki içmiyoruz.

* Cinsel organımızı koruyalım. Bu nedenle, meşru eşimizden başkasıyla cinsel ilişkide bulunmuyoruz.

* Elimizi koruyalım. Dolayısıyla onunla dövme veya öldürme biçimde hiç kimseye eziyet etmiyoruz. Onunla haram bir malı almıyoruz. Onunla kumar oynamıyor, yalan veya bâtıl bir şey yazmıyoruz.

* Ayağımızı koruyalım. Öyleyse onunla gayrimeşru eğlenceye ve bâtıla gitmiyoruz ve onlarla fitne, fesat ve şer için koşturmuyoruz.

* Ahdi, şahadeti ve emaneti koruyalım. Dolayısıyla sorumluluğumuzdan kaçmıyoruz. Ahdimizi bozmuyoruz. Sözümüzden caymıyoruz. Yalancı şahitlik yapmıyor ve emanete ihanet etmiyoruz.

* Malı koruyalım. Dolayısıyla onu saçıp savurmuyoruz. Onu kendi haline bırakıp, zayi etmediğimiz veya çoğalmaksızın bırakıp yararını terk etmediğimiz gibi onda israf da etmiyoruz.

* Ailemizin ve çocuklarımızın beden, akıl, akide ve ahlâk-

larını koruyalım. Dolayısıyla onlara zarar verecek, ruhlarını ve akıllarını bozacak şeyleri onlardan uzaklaştırıp, onları helâk edecek, bedbaht yapacak her şeyi onlardan uzak tutmalıyız.

İşte burası yolun sonu... Ey yolcu! Artık önünde selâm yurdu cennet vardır. Öyleyse huzuruna çıkmak ve sahasında konaklamak için, Kerim olan Rabbinin çağrısıyla size ne zaman gelecekler diye, Rabbinizin elçilerini bekleyerek, artık gitmeye hazırlanın. O gün muttakiler sevinirler.

Selâm peygamberlere; hamd âlemlerin Rabbi olan Allah'adır...

CENNETE YOLCULUK

Allah'a hamd olsun. O göklerle yeri ve karanlıklarla aydınlığı yaratmıştır. Kâfirler ise Rablerine ortak koşmaktadırlar. Salât ve selâm, Allah'ın âlemlere rahmet olarak gönderdiği, hidayet rehberi, müjdeleyici ve aydınlatıcı bir kandil olan efendimiz Muhammed'e, ailesine ve doğru yolu görüp o yolda ilerleyen, Peygamber'i destekleyen, ona yardım eden ve ona indirilen Nûr'a tâbi olan -ki işte bunlar kurtuluşa erenlerdir- ashabına olsun.

Ey müslüman kardeşim! Şüphesiz dünya hayatı ebedî hayata giden bir köprüdür. Peygamber'in (s.a.v.) de bildirdiği gibi bu köprüde birbirine zıt iki yol vardır:

"Her insan sabah erkenden işine çıkar da nefsini (bir şeyler uğrunda) satar. Sonuç olarak da ya nefsini azat edip kurtarır ya da onu helâk eder."[80]

Öyleyse, ey müslüman kardeş! Bizler bu dünyada bir alışveriş yapmaktayız. Ve bu alışverişin neticesi de tercih ettiğimiz yola göre değişecektir. Neticede ya başarılı bir tercih ile bu alışveriş Allah'la yapılır ve mutluluk yoluna girilir ya da kötü bir tercihle zararlı bir alışveriş yapılarak hüsran ve dalalet yolu tutulur:

"Bedbaht olanlar ateştedirler, orada onların (öyle feci) nefes alıp vermeleri vardır ki. Rabbinin dilediği hariç, (onlar) gökler ve yer durdukça o ateşte ebedî kalacaklardır. Çünkü Rabbin, istediğini hakkıyla yapandır. Mutlu olanlara gelince, onlar

---

[80] Müslim, 223

da cennettedirler. Rabbinin dilediği hariç, gökler ve yer durdukça onlar da orada ebedî kalacaklardır. Bu (nimetler) bitmez, tükenmez bir lütuftur."[81]

"Günahta aşırı gidene söyle de hazırlansın,
Çünkü ölümün geleceği kesin.
Zaman eskitip yıpratır gençliği,
Geçip gidense gelmez geri.
Ne zamana kadar boşa vakit geçirecek genç,
Durum böyle ciddi iken..."

Cennet yolu

Muâz b. Cebel (r.a.) şöyle anlatıyor:

"Ey Allah'ın Resûlü! Bana, beni cennete sokacak ve ateşten uzaklaştıracak bir amel söyle, dedim. O da bana şöyle" karşılık verdi:

"Sen, gerçekten önemli bir meseleyi sordun. Şüphesiz o Allah'ın kendisine kolaylaştırdığı kimseler için kolaydır. Şöyle ki; Allah'a ibadet edersin, O'na hiçbir şeyi ortak koşmazsın, namazı dosdoğru kılarsın, zekâtı verirsin, Ramazan orucunu tutarsın ve haccedersin." Sonra da şöyle devam etti:

"Sana hayır kapılarını göstereyim mi? Oruç (cehennem ateşinden koruyan bir) kalkandır. Sadaka ise, suyun ateşi söndürmesi gibi günahları söndürüp yok eder. (Bu hayır kapılarından) biri de kişinin gece ortasında kıldığı namazdır." Sonra Allah Resûlü şu âyeti okudu:

'Korkuyla ve umutla Rablerine yalvarmak üzere (ibadet ettikleri için), vücutları yataklardan uzak kalır ve kendilerine verdiğimiz rızıktan Allah yolunda harcarlar. Yaptıklarına karşılık olarak, onlar için ne mutluluklar saklandığını hiç kimse bilemez."[82]

---

[81] Hûd, 106-108
[82] Secde, 16-17

Daha sonra Allah Resûlü şöyle devam etti:

"Sana işin başını, direğini ve zirvesini haber vereyim mi? İşin başı İslâm'dır. Direği namazdır ve zirvesi de cihaddır." Sonra: "Sana bütün bunların yerini tutacak bir şeyi söyleyeyim mi?" dedi. Ben: "Evet, ey Allah'ın Resûlü!" dedim.

Bunun üzerine: "Şu dili muhafaza et." dedi. Ben de: "Ey Allah'ın Resulü! Biz konuştuklarımız sebebiyle cezalandırılacak mıyız?" diye sorunca şöyle cevap verdi:

"Anan seni yitirsin ey Muâz![83] İnsanları yüzleri üstü ateşe sürükleyen dilleriyle kazandıkları (günahlar)dan başka bir şey midir?"[84]

Kurtuluşa eren mü'minler

"*Gerçekten mü'minler kurtuluşa ermiştir. Onlar ki namazlarında huşû içindedirler. Onlar ki, boş ve yararsız şeylerden yüz çevirirler. Onlar ki zekâtı verirler ve onlar ki iffetlerini korurlar. Ancak eşleri ve ellerinin sahip olduğu (câriyeleri) hariç. (Bunlarla ilişkilerinden dolayı) kınanmış değillerdir. Şu hâlde, kim bunun ötesine gitmek isterse, işte bunlar, haddi aşan kimselerdir. Yine onlar (o mü'minler) ki, emanetlerine ve ahitlerine riayet ederler. Ve onlar ki namazlarına devam ederler. İşte, asıl bunlar varis olacaklardır. (Evet,) Firdevs'e varis olan bu kimseler, orada ebed'î kalıcıdırlar.*"[85]

Ey müslüman kardeşim! İşte kurtuluş yolu önünde ve mutluluk kapısı da ardına kadar açık. Haydi, kapıyı aç ve yola koyul!

Şair şöyle der:

"Bana göre mutluluk mal toplamak değildir,
Esas mutlu takvalı olandır.

---

83 "Anan seni yitirsin!" anlamına gelen bu ifade, Arapça'da hayret ve şaşırma durumlarında kullanılır. (Mütercim)

84 Ahmed, 5/230; Hadisi Tirmizî de rivayet etmiş ve hasen-sahih olduğunu söylemiştir.

85 Mü'minûn, 1-11

Takva azıkların en hayırlısıdır,
Allah katında takvalı için yüksek dereceler vardır."

Sevgili müslüman kardeşim! Dünya geçici bir gölge, sonu tayin edilmiş bir mekândır. Bununla beraber o, kendisinden sonraki hayata ulaştıran bir yoldur. Bu yolun sonunda da ya mutluluk, başarı ve kurtuluş vardır, ya da pişmanlık, hüsran ve bedbahtlık. Bu gerçeği asla unutmayasın. Şair şöyle der:

"Şaşıyorum insanlara, şayet düşünseler,
Kendilerini hesaba çekseler, görürler,
Bu dünyayı bırakıp ahirete yönelirler.
Çünkü dünya sadece bir köprüdür onlar için.
Yarın mahşerde toplandıklarında,
Övünç yoktur takva ehlinden başkası için.
İnsan anlayacaktır ki takva
Ve iyiliktir en iyi hazine.
Şaşıyorum günahta direten kimseye;
Zira o yarın konulacaktır bir kabre.
Evveli bir damla su,
Sonu günahkâr bir leş olanın
Hali nice olur ki?
Umduklarına kavuşamadı,
Korktuğundan ise kaçamadı.
Hem umdukları hem de korktukları,
Bir başkasına kaldı."

Kurtuluş yolu: Takva

Ey kardeşim! İmanı kuvvetlendirmek, ancak takva ve âhireti düşünmekle olur. Öyleyse biz de imanımızı kuvvetlendirmeliyiz:

"*Ey iman edenler! Allah'tan korkun ve herkes yarına ne hazırladığına baksın. Allah'tan korkun; çünkü Allah, yaptıkları-*

nızdan haberdardır. Allah'ı unutan ve bu yüzden Allah'ın da onlara kendilerini unutturduğu kimseler gibi olmayın. Onlar yoldan çıkan kimselerdir."[86]

"Ömrünün uzun oluşuna ve
Etrafını saran dünyalıklara aldanan kişiye söyle:
Uyansın, baksın dünyaya basiretle.
O zaman görecek ki, dünyada ne varsa,
İade edilecek birer emanettir."

Bunları asla unutma. Çünkü bunlar değişmez gerçeklerdir.

"Ey kul! Karşılaşacağını unuttun mu?
Felaketleriyle kabrin?
Dünyada köşkler bina ettin,
Dünyanın zevklerine daldın.
Ve ebedî kalacağını sandın,
Hâlbuki fanidir ömrün.
Büyük meşguliyetler içindedir insan,
Hâlbuki ölüme koşmaktadır can."

Şüphesiz takva, dünya ve âhirette kurtuluş vesilesidir. Peki, takva nedir? Talk b. Hubeyb takvayı açıklarken şöyle demiştir:

"Allah tarafından bir nur ile, O'nun mükâfatını umarak, O'na itaat etmen ve cezasından korkarak, O'na isyan etmemendir."

Takva hakkında söylenen en güzel sözlerden biri de, İbn Kayyim'in şu sözüdür:

"Allah'tan kork; çünkü takva,
Kişinin kalbine yakın oldu mu, mutlaka girer oraya.

---

[86] Haşr, 18-19

Yol kesen, kahraman değildir.

Esas kahraman, Allah'tan korkandır."

Şimdi kurtuluş yolu olan takvayı daha ayrıntılı bir şekilde inceleyelim. Böylece takvanın içeriğini ve özelliklerini daha iyi öğrenmiş oluruz. Allah hakkı söyler ve doğru yola iletir.

İlk adım: Doğru bir imana sahip olmak

Şimdi içini yokla ve kendine sor: Âlemlerin Rabbi olan Allah hakkında neye inanıyorsun?

"*O halde âlemlerin Rabbi hakkındaki görüşünüz nedir?*"[87]

Şüphesiz her müslüman "Lâ ilâhe illallah" (Allah'tan başka hak ilâh yoktur) der. Ama bu sözü hakkıyla söylemek ve gereğince amel etmek ise, kişiden kişiye değişir. İmanın farklı derecelerinin olmasının sebebi de budur.

"Lâ ilâhe illallah" (Allah'tan başka hak ilâh yoktur) sözünün içeriğini kesin bir şekilde bilmek, amellerin sıhhati ve kabulü için şarttır.

"*Bil ki, Allah'tan başka ilâh yoktur. Hem kendinin hem mü'min erkeklerin ve mü'min kadınların günahlarının bağışlanmasını dile!*"[88]

Doğru bir imana sahip olmanın yollarından biri, kalben Allah'a, doğru bir şekilde yönelerek O'nu tazim etmek ve O'nun haricinde hiçbir mahlûka umut, korku, sevgi ve tazim ile yönelmemektir. Böylece ümit, korku, sevgi ve tazim sadece Allah için olmuş olur.

Allah'tan (c.c.) başkasının güç yetiremeyeceği bir şeyi hiç kimseden isteme. Çünkü bu en büyük şirktir. Bilesin ki arzu ve istekler, kalbin bağlandığı birer put haline gelebilir. Kalp arzu ve istekleri yüceltip, Allah sevgisi yerine onlarla dolduğunda,

[87] Saffât, 87
[88] Muhammed, 19

Allah'ın sevdiği ve razı olduğu her şeyden yüz çevirmeye başlar. Allah (c.c.) şöyle buyuruyor:

"*İnsanlardan bazıları Allah'tan başkasını Allah'a denk tanrılar edinir de onları Allah'ı sever gibi severler. İman edenlerin Allah'a olan sevgileri ise (onlarınkinden) çok daha fazladır.*"[89]

Peygamber (s.a.v.) şöyle buyuruyor:

"Altına kul olan, gümüşe kul olan, kumaşa kul olan ve elbiseye kul olan helak olsun. Ona (istediği) verilirse razı olur, verilmezse de kızar. (Böyle kimse) helâk olsun ve kahrolsun. Bir yerine diken battığında onu çıkaramasın!"[90]

Ey sevgili kardeşim! Arzu ve isteklerine kul olanlar için verilen şu ürkütücü örneklere bir bak! Öyle ki, bu kimselerin arzuları, kalplerinin taptığı bir put haline gelmiştir. Arzu ve isteklerini Allah'tan daha çok sevmiş ve yüceltmişler ve sonunda yakalandıkları bu hastalık sebebiyle de imansız olarak ölmüşlerdir:

1) İbn Kayyim, "ed-Dâu ve'd-Devâ"[91] adlı eserinde şunu anlatmaktadır:

Ölüm döşeğindeki bir adama "Lâ ilâhe illallah, de" denilmiş, o da şöyle karşılık vermiş:

"Bir gün yorgun bir kadın vardı şöyle diyen:

Mincâb hamamına giden yol nereden?"

Ben derim ki: Adamın bu durumu, şarkıya ve kadınlara düşkün olmasından kaynaklanmıştır.[92]

2) Güvendiğim bir ilim talebesinin bana anlattığına göre;

---

[89] Bakara, 165

[90] Buhârî, 1435

[91] s. 124

[92] Rivâyete göre bir kadın, bu adama Basra'daki Mincâb hamamının yolunu sormuş, o da kadına başka bir yeri göstermiş. Sonra da kadını takip edip, ona zina teklifinde bulunmuş. Ama kadın buna müsaade etmemiş. Bundan kısa bir müddet sonra da adam ölüm döşeğine düşmüş ve bu olay da o zaman gerçekleşmiş. Bkz. "Mu'cemu'l-Büldân", 2/299; "Şuabu'l-İman", 5/246 (Mütercim)

o, bir trafik kazasına şahit olmuş. Hemen arabasından inip olay yerine gitmiş. Ve iki gencin ölmek üzere olduklarını görmüş. Bunun üzerine de onlara "Lâ ilâhe illallah"ı telkin etmeye başlamış. Ama o iki genç ise bir şarkı mırıldanmaya başlamışlar ve o hâlde ölmüşler.

Allah daha iyi bilir; ama benim kanaatimce o iki genç, kaza anında şarkı kaseti dinliyorlardı.

Ey müslüman kardeşim! Bilesin ki, Allah'ın, uğrunda peygamberler gönderdiği ve kitaplar indirdiği tevhidin özü üç şeye inanmaktır:

1) Allah'ın fiillerinde bir olduğuna inanmak. Şöyle ki; yaratan, rızık veren, gökten yağmur yağdıran, dirilten, öldüren sadece Allah'tır. Allah'ın bu tür fiillerine mü'minler inandığı gibi bazı kâfirler de inanmaktadırlar.

2) Dua, yardım isteme, korkma, umma gibi Allah'a yapılan ibadetlerin hiçbirinin O'ndan başkasına yapılmasının caiz olmadığına inanmak. Bunu şöyle açıklayabiliriz:

Yaşayan bir insanı, seni ziyaret etmesi ya da gücünün yeteceği bir konuda sana yardım etmesi için çağırabilirsin. Ama o seni görmüyor ve duymuyorsa ve senin durumunu ona haber verecek kimse de yoksa onu çağırman, "Ey falan şeyh! Bana yardım et! Sıkıntımı gider!" demen caiz olmaz. Çünkü bu durumda sen o şahsı Allah'a ortak koşmuş ve Allah'a yönelip yapmış olduğun duanın benzerini ona yapmış olursun.

Korku da böyledir. Ateş, yırtıcı hayvan vb. zararlı ve tehlikeli şeylerden korkmanda bir sakınca yoktur. Ama mesela içinden geçenleri bilecek diye bir insandan korkman caiz olmaz. Çünkü bunu ancak Allah bilebilir:

"*Allah, gözlerin hain bakışını ve kalplerin gizlediğini bilir.*"[93]

Kulun diğer amelleri de bu kapsamdadır.

3) Allah'ın güzel isimlerine ve yüce sıfatlarına inanmak. Al-

[93] Mü'min (Ğâfir), 19

lah'ın isimlerine, sıfatlarına ve bunların apaçık olan anlamlarına iman etmeli, Kur'an-ı Kerîm'de ve sahih hadislerde bildirilenlerin tamamını reddetmeden, değiştirmeden ve bir şeylere benzetmeden tasdik etmelisin. Ve bu konuda bilgisizce ileri geri konuşup yorum yapmaktan da kaçınmalısın. Çünkü bu, cahillerin ayaklarının kaydığı, kendileriyle birlikte onlara tâbi olanları da saptırdıkları ve kendi hevalarına (arzu ve isteklerine) uydukları bir konudur. *"Allah'tan bir yol gösterici olmaksızın kendi hevâ ve hevesine uyandan daha sapık kim olabilir!"*[94]

Bilesin ki, Allah'ın sıfatlarının keyfiyetini (nasıl olduğunu) anlamak hiçbir insan için mümkün değildir. Bu sebeple de müslümana düşen, bu konuyu Allah'a havale etmek, yahûdî, hıristiyan ve diğer hevalarına uyan kimselerin yaptığı gibi bu konuda ileri geri konuşmamaktır. Bu hususta, "Allah'ın mahlûkâtı hakkında düşünün; ama O'nun zâtı hakkında düşünmeyin, yoksa helâk olursunuz." denilmiştir.

Samimi bir tevhid ehlinin kıssası

İbnü'l-Cevzî "el-Mevâiz ve'l-Mecâlis" adlı eserinde şöyle bir kıssa nakletmiştir:

"Abdülvâhid b. Zeyd anlatıyor: 'Deniz yolculuğuna çıkmıştım. Şiddetli bir rüzgâr esti, bizi denizdeki adalardan birine sürükledi. Adaya çıktığımızda puta tapan bir adamla karşılaştık. Ona:

"Bizim aramızda senin bu yaptığını yapan kimse yok," dedik. O da:

"Peki, siz kime ibadet ediyorsunuz?" diye sordu. Biz de:

"Allah'a ibadet ediyoruz" dedik. Bunun üzerine o:

"Allah da kim?" diye sordu. Biz de:

"Arşı gökte olan ve yeryüzünü idare edendir." dedik. O da:

"Bunu nereden öğrendiniz?" diye sordu. Biz de:

---

[94] Kasas, 50

"Allah bize apaçık mucizeler verdiği bir peygamber gönderdi. O da bize bunları bildirdi." dedik. Bu sefer de:

"Peki, peygamberinize ne oldu?" diye sordu. Biz:

"Peygamberlik görevini yerine getirince vefat etti." dedik. Bunun üzerine:

"Peki, size bir işaret bırakmadı mı?" diye sordu. Biz de:

"Bize Allah'ın Kitabını bıraktı." deyince,

"Onu bana gösterir misiniz?" dedi. Bunun üzerine biz de Kur'an-ı Kerîm'i getirdik.

"Ben okuma bilmem." deyince ona Kur'an'dan bir miktar okuduk. Ağladı ve şöyle dedi:

"Bu sözün sahibine isyan edilmemelidir."

Hemen iman etti ve iyi bir müslüman oldu. Sonra bizden onu gemimize almamızı istedi. Biz de onu yanımıza aldık ve ona Kur'an'dan birkaç sure öğrettik.

Gece karanlık bastırdığında biz, uyumak için yataklarımıza yerleştik. Bize:

"Bana öğretmiş olduğunuz o Allah uyur mu?" diye sordu. Biz de ona:

"O diridir, O'nu ne uyku tutar, ne de uyuklama." dedik. Bunun üzerine o:

"Kulun efendisinin huzurunda uyuması edepsizliktir." dedi. Sonra yatağından kalktı ve sabaha kadar ağlayarak namaz kıldı.

Abadan'a (İran sınırında bir şehir) geldiğimizde arkadaşlarıma:

"Bu, yeni müslüman olmuş, yalnız bir adamdır. Onun için aramızda biraz mal toplayalım." dedim. Sonra aramızda bir miktar toplayıp ona sunduk. O da:

"Bu nedir?" diye sordu. Biz de:

"Bir miktar mal... İhtiyaçlarını karşılaman için sana veriyoruz." dedik. Bunun üzerine o:

"Subhânallah! Siz bana iyi bilmediğiniz bir dini öğretmişsiniz. Zira ben denizdeki adalardan birindeydim ve Allah'tan başka şeylere ibadet ediyordum. Buna rağmen O beni unutup rızıksız bırakmadı da, ben O'na kulluk ederken mi beni unutacak?! Hâlbuki O, hem yaratan hem de rızık verendir." dedi ve bizi bırakıp gitti.

Günler sonra onun ölüm döşeğinde olduğunu haber aldım. Yanına gittiğimde son nefeslerini yaşıyordu. Selâm verdim ve "Bir ihtiyacın var mı?" diye sordum. O da

"Benim kendisinden habersiz olduğum Allah, sizi o adaya getirdiğinde benim ihtiyacımı karşılamıştı." dedi.

Ben de bir müddet onunla beraber olmak için, karşısında bir yere oturup yaslandım. Gözlerime uyku çöktü ve uyuyakaldım. Rüyamda, Abadan kabristanında bir bahçe gördüm. Bahçenin üstünde bir kubbe, kubbenin altında da bir taht vardı. Tahtın üzerinde ise bir cariye vardı ki, ondan daha güzelini hiç görmemiştim. Cariye, "Onun son hazırlıklarını çabuk yap. Çünkü ona olan özlemim iyice arttı." diyordu. O anda uyandım ve baktım ki o ölmüştü. Derhal onu yıkadım ve kefenledim.

Gece olup da uyuduğumda onu rüyamda gördüm. Çok iyi bir durumdaydı. Cariye de kubbenin altında tahtın üzerindeydi. O da cariyenin yanında şu âyeti okuyordu:

"*Sabrettiğinize karşılık size selâm olsun! Dünya yurdunun sonu (cennet) ne güzeldir!*"[95]

Subhânallah! Bu ne güzel bir kıssa! Düşünüp öğüt alacak bir kalbi olan kişi için, ne ibret verici!

"Kalbimin hayatı senin sevgindedir,
Gözyaşlarım besler o sevgiyi.
Onun için gözyaşı dökeceğim,
Neşemi ve uykumu terk edeceğim."

---

95 Ra'd, 24

Ey müslüman kardeşim!

Bu kâinatın yoktan var edilişi hakkında düşünmelisin. Ki böylece kalbin onu yaratanın yüceliğine şahit olsun, O'ndan korksun ve O'nu kızdırmaktan sakınsın.

"Hayret ki, Allah'a nasıl isyan edilir?
Ya da O'nu nasıl inkâr eder kâfir?
Her şeyde var bir alâmet,
O'nun birliğine ediyor delâlet."

Bilesin ki, Allah'ın (c.c.) hiç kimseye bildirmediği ve kendine sakladığı bazı isimleri vardır ki, bunlara da iman etmek gerekir.

Peygamber'in (s.a.v.) şöyle dua ettiği sahih olarak rivayet edilmiştir:

"Ey Allah'ım!

Senden, kendini adlandırdığın ya da Kitabı'nda indirdiğin veyahut yarattıklarından birine öğrettiğin ya da katında, gayb ilminde kendine sakladığın bütün isimlerinle istiyorum..."[96]

"Bu varlığın özünü düşündüm,
Ve sırlarını keşfe çalıştım,
Ovaları gezip dağlara çıktım,
Işıkların gölgelerinde dolaştım,
Ve düşündüm mutlusunu ve mutsuzunu,
İyileriyle kötülerini.
Şuuruma bir sağanak yağdı
Ve kurtuldu incelemekten derinleri.
Ebediliğin sırlarından bana
Parlak bir şua parladı.
Gönlümü aydınlat secdede benim,
Çünkü onun hâlinden haberdar olan sensin."

---

[96] Ahmed, 1/391

Ey müslüman kardeşim!

Doğru bir imana ve niyete sahip olursan, iki dünya da da mutlu olursun.

Allah (c.c.) şöyle buyuruyor:

"*Allah kimi doğru yola iletmek isterse, onun kalbini İslâm'a açar. Kimi de saptırmak isterse, göğe çıkıyormuş gibi kalbini iyice daraltır.*"[97]

Hz. Peygamber de şöyle buyuruyor:

"Allah'ı(n hakkını) koru ki, O da seni korusun. Allah'ı(n dinini) muhafaza et ki, O'nu karşında bulasın. Bir şey isteyeceğin zaman Allah'tan iste. Yardım isteyeceğin zaman da yine Allah'tan yardım iste. Bil ki, bütün insanlar sana bir fayda vermek için toplansalar, Allah'ın takdir ettiğinden başka sana hiç bir yarar veremezler. Yine sana bir zarar vermek için birleşseler, Allah'ın senin aleyhinde takdir ettiğinden başka zarar veremezler. (Kaderi yazan) kalemler kalkmış, sayfalar kurumuştur."[98]

"Haydi, kollarını sıva, Allah'a sığın ve O'nun Kitabı'na uy,
Çünkü ondadır gerçek hidayet ve her türlü hayır.
Odur darda kalanın azığı, hazinesi ve umudu.
Ve şüphesiz onunla ulaşılır her faydalıya,
Onunla yol bulur, hevasının peşinde kaybolan,
Ve onunla teselli bulur belâlara dûçar olan."

Günah karanlığından kurtul!

Bilesin ki, günahın karanlığı, hidayet nurunun ve hakkın kalbe ulaşmasını engelleyen en büyük etkenlerdendir. Günahkâr kimse Allah'a itaatin tadını alamaz. Kalbi, öğütlerden ve güzel sözlerden etkilenmez. Çünkü o, hastalığı sebebiyle lezzetli yemeklerden tiksinen, tatlıyı acı tadan hasta gibidir. Halbuki yemekler değil, onun sağlığı bozuktur.

---

97 En'âm, 125
98 Ahmed, 1/293

Günahın karanlığı ise, ancak tevbe ve salih amelin aydınlığıyla yok olur. Zira bu ikisi de takvayı tamamlayan unsurlardır. Bu anlamda Allah (c.c.) şöyle buyuruyor:

"*Ey iman edenler! Eğer Allah'tan korkarsanız O, size iyi ile kötüyü ayırt edecek bir anlayış verir, suçlarınızı örter ve sizi bağışlar. Çünkü Allah büyük lütuf sahibidir.*"[99]

Şüphesiz günahlar ve hatalar kalpleri yıkıma uğratır. Aynı zamanda günahlar rızkın ve geçimin daralmasına, müslüman olsun kâfir olsun, toplumların bedbaht ve mutsuz olmasına yol açar. Günah ve isyanlar arttıkça da iyilikler, nimetler ve bereketler azalır. Allah (c.c.) şöyle buyuruyor:

"*İnsanların bizzat kendi işledikleri yüzünden karada ve denizde düzen bozuldu ki Allah yaptıklarının bir kısmını onlara tattırsın.*"[100]

Ayette kastedilen bozukluk, rızık ve geçimlerde meydana gelen bozukluktur. Bu konuda İbn Abbas'tan (r.a.) şöyle bir söz nakledilmektedir:

"Hayvanlar, insanoğlunun günahkârlarına lânet ederler." Yani hayvanlar, insanların günahları sebebiyle rızklarda meydana gelen bozukluklardan dolayı onlara lânet ederler.

İmam Şafiî (r.a.), İmam Malik'in huzurunda oturup ona ders okuduğunda, İmam Malik, onun parlak zekâsına ve mükemmel anlayışına hayran kaldı ve ona şöyle dedi:

"Görüyorum ki, Allah senin kalbine bir nur vermiş, sakın onu günahlarla söndürme!"[101]

İbnü'l-Mübarek şöyle diyor:

"Gördüm ki, günahlar kalpleri öldürüyor,
Günahlara alışmak insanı zelil ediyor.

---

99 Enfâl, 29
100 Rûm, 41
101 "Tezkiyetü'n-Nüfûs ve Terbiyetühâ Kema Yukar-riruhâ Ulemâu's-Selef", Ahmed Ferîd, Baskı: Dârü'l-Endülüs, Cidde, s. 32

Hayat verir kalplere, günahları terk etmek,
Senin için en iyisi, nefsine isyan etmek."

"Senin için en iyisi, nefsine isyan etmek." sözüyle anlatılmak istenen şudur: Nefsin sana günahı süslediğinde senin için hayırlı olan, nefsine isyan etmektir.

Yine bu anlamda Bûsayrî şöyle demiştir:

"Nefis bebek gibidir, ihmal edersen bırakmaz emmeyi,
Ama sen bıraktırırsan, o da bırakır elbette emmeyi.
Onun arzularından sakın ve idaresinden korun,
Çünkü heva, idaresi altına aldığını ya hapseder ya da öldürür."

İbn Kayyim, "ed-Dâu ve'd-Devâ" adlı eserinde günahların insana ve yeryüzü ortamına verdiği zararların bir çoğunu zikretmiştir. Biz de onlardan bazılarını özetle aşağıda nakledeceğiz:

1) Rızıktan mahrum kalmak. Yani insana bazı rızıkların verilmemesi. İmam Ahmed "Müsned" adlı eserinde şu hadisi rivayet etmiştir:

"Kul, işlemiş olduğu günah sebebiyle rızıktan mahrum kalır."[102]

2) Günahkâr, Allah ile kendisi arasında kalben bir yalnızlık ve soğukluk duyar. Dünyanın bütün lezzetlerine sahip olsa da bu hâlinden kurtulamaz. Bir adam, salihlerden bir kişiye, içinde hissettiği bu durumu şikâyet etti. O da adama şöyle dedi:

"Eğer günahlardan dolayı yalnız hissedersen kendini,
Onları terk et, o zaman gidererirsin yalnızlığını."

3) Yine günahkâr kişi, insanlarla bilhassa salih kimselerle

---

[102] Ahmed, 5/282

kendisi arasında bir soğukluk duyar. Bu sebeple de onlarla bir arada olma bereketinden de mahrum kalmış olur.

4) Günahlar insanı, hem Allah katında hem de insanlar yanında zelil ve hakir bir konuma düşürür. Allah (c.c.) şöyle buyuruyor:

"*Allah kimi hor ve hakir kılarsa, artık onu değerli kılacak bir kimse yoktur.*"[103]

Âişe (r.a.), Muâviye'ye (r.a.) yazdığı bir mektupta şöyle demektedir:

"Şüphesiz kul, Allah'a isyan içeren bir iş yaparsa, insanlar içinde onu övenler, artık onu kınamaya başlarlar."

5) Günahlar insana, hem Rabbini, hem de kendini unutturur. Allah (c.c.) şöyle buyuruyor:

"*Allah'ı unutan ve bu yüzden Allah'ın da onlara kendilerini unutturduğu kimseler gibi olmayın. Onlar yoldan çıkan kimselerdir.*"[104]

6) Yine günahlar, nimetlerin elden çıkmasına sebep olur. Allah (c.c.) şöyle buyuruyor:

"*Eğer şükrederseniz, elbette size (nimetimi) artıracağım ve eğer nankörlük ederseniz hiç şüphesiz azabım çok şiddetlidir!*"[105]

7) Günahlar insanın âhirete imansız gitmesine yol açar. Daha önce günahları sebebiyle ölüm esnasında kelime-i şehâdeti söyleyemeyen kimselerden söz etmiştik. Allah şöyle buyuruyor:

"*Allah Teâlâ iman edenleri sağlam bir sözle hem dünya hayatında hem de âhirette sapasağlam tutar. Zalimleri ise Allah saptırır. Allah dilediğini yapar.*"[106]

---

[103] Hac, 18
[104] Haşr, 19
[105] İbrâhîm, 7
[106] İbrâhîm, 27

İbn Abbâs (r.a.) da günahın etkilerini şu sözüyle özetlemektedir:

"İyilik, yüzde bir parlaklık, kalpte bir nur, rızıkta genişlik, bedende kuvvet ve insanların kalplerinde de bir sevgi meydana getirir. Kötülük ise yüzün kararmasına, kalpte bir karanlık, bedende zayıflık ve insanların kalplerinde de nefret oluşmasına yol açar."[107]

"İlâhî! Örttüğün günahları ortaya çıkarma,
Çünkü kullara şefkat ve merhamet edensin sen.
İlâhî! Cehennem ateşiyle yakma,
Affı uman kulları; çünkü Kerîm'sin sen.
İlâhî! Yarın kıyamet gününde ecri,
Büyük olanlar zümresine kat beni."

Ben derim ki, günahların insan hayatını altüst etmesi sadece günahkâr mü'minler için geçerli değildir. Aksine, adam öldürenlerin, suç çetelerinin, ahlaksızlığın diz boyu olduğu mekânlara gidenlerin, zinakâr dansözlerin vs. hayatlarına bakarsan, diğer kâfirlerin hayatlarına oranla bedbahtlığın ve mutsuzluğun değişik şekillerini onların hayatında daha açık bir şekilde görürsün.

İşte Amerika ve diğer ülkelerde olduğu gibi tüm dünyada da meşhur bir aktris! İntihar etmeden önce bir mektup yazıp, New York bankalarından birinin emanet kasalarına bırakmış. Mektubunda bütün dünya kadınlarına seslenerek şöyle diyor:

"Şöhretten uzak dur! Göz boyayan parıltılara aldanma! Ben dünyadaki en şanssız kadınım. Bir anne bile olamadım... Ben, evi tercih eden bir kadınım. Aile hayatı, hem kadın hem de bütün insanlık için mutluluk simgesidir. Ama sinemada çalışmak beni ucuz ve değersiz bir eşya hâline getirdi."

Allah'ın (c.c.) şu sözü ne kadar da doğrudur:

---

107 "ed-Dâu ve'd-Devâ"dan özetle, s. 74-76

"Kim de beni anmaktan yüz çevirirse şüphesiz onun sıkıntılı bir hayatı olacak ve biz onu, kıyamet günü kör olarak haşredeceğiz."[108]

Her parıldayan altın değildir

Sevgili kardeşim! Modern medeniyet, anarşizm, isyan ve günah bataklığına yerleşip kök salarken, bir yandan da bütün insanlığı zulüm, zillet ve alçaklığa sürüklemektedir. Hem doğuda hem de batıda zulüm gören insanlar, kendilerini kurtarmak için bir çözüm aramaya başladılar; ama nafile. Bunun tek sebebi ise, müslümanların İslâm'ı gereği gibi yaşayıp, insanlığa tanıtamamalarıdır. Zira müslümanlar, hâlâ kâfirleri taklit etme ve onlara uyma zilleti içindeler. Bu sebeple de onlar, insanlığın önderi olma ve onları içinde bulundukları sıkıntılardan kurtarma gibi, olması gereken özelliklerini yitirdiler.

Doğuya gelince, oranın halkının aldanmış olduğu komünizm her yönüyle çökmüş durumda. Zira Allah, komünizmi kendi taraftarlarının eliyle alaşağı etti.

Batıda ise, hâlâ taraftarları var; ama orada da son bulması yakındır. Zira Allah'ın (c.c.) kanunu böyledir:

"Rabbin, haksızlık eden memleketleri (halkını) yakaladığında, O'nun yakalayışı işte böyle (şiddetlidir). Şüphesiz O'nun yakalaması pek elem vericidir, pek çetindir!"[109]

Hayret verici bir durum da, müslüman âlim ve düşünürlerin, modern materyalist medeniyetin yakında çökeceğini ve eski Fars, Rum ve Firavun medeniyetlerinin yaşadığı kadar bile yaşamayacağını müjdelemeleridir. Bu görüşe bazı batılı yazarlar da katılmıştır.

İşte şehid Seyyid Kutup! Komünizmin çöküşünden takriben otuz yıl önce bu medeniyetin ve kapitalist sitemin çökeceğini "Yoldaki İşaretler" adlı kitabında haber vermiştir. O şöyle diyor:

---

[108] Tâhâ, 124
[109] Hûd, 102

"Bugün sosyalist sistemlerin zirvesini temsil eden Sovyet rejiminin, çarlık döneminde bile dolup taşan gelirleri günden güne azalmaktadır. Buğday ve diğer gıda maddelerini artık ithal ediyor. Toplu ziraat yönteminin ve insan fıtratıyla çatışan rejimin başarısızlığı sebebiyle, yiyecek ihtiyacını karşılamak için sahip olduğu bütün altını satıyor.

İnsanlık için yeni bir yönetim biçimi kaçınılmaz olmuştur.

Batının insanlığı idaresi, yakında son bulacaktır. Bunun sebebi ise, batı medeniyetinin maddî olarak iflas etmiş olması ya da ekonomik ve askerî güç açısından iyice zayıflamış olması değildir. Asıl sebep, batılı sistemin, idareyi sürdürecek değerler bütününe sahip olmaması sebebiyle fonksiyonunu yitirmesidir. İnsanlığın maddî alanda, dâhi Avrupa yoluyla ulaştığı medeniyetin devamını ve gelişmesini sağlayacak, insanlığı bildiğine oranla daha yeni, ciddî ve mükemmel değerlerle donatacak yeni bir idare, aynı zamanda köklü, gerçekçi ve pozitif bir yönetim lazım. Bu değerlere ve bu idareye sahip olan da sadece ve sadece İslâm'dır."[110]

Yine şehit Abdullah Azzâm, hicri 1400 yılında yayımlanan "el-İslâm ve Müstakbelü'l-Beşeriyye" adlı eserinde şöyle diyor:

"Ben doğu ve batı medeniyetlerinin yavaş yavaş eriyip yok olmakta olduklarını görmekteyim. Yalnız bence doğudaki zayıflama ve çöküş daha hızlıdır. Allah daha iyi bilir; ama kanaatimce iki medeniyet de yakın bir zamanda çökeceklerdir. Çünkü bu Allah'ın bir kanunudur:

"*Andolsun ki, sizden önce, zulmettiklerinden dolayı nice milletleri helâk ettik...*"[111]

Abdullah Azzâm sonra Macneil'in şu sözlerini aktarıyor:

"Ömrünün son dönemlerini yaşamakta olan batı medeniyeti, manevî değerleri çiğneme noktasında şerri had safhaya ulaşmış bir canavara benzemektedir. Öyle ki, bu canavarın, atalarının mirasına, mukaddes ve mahrem olan her şeye yap-

---

[110] "Yoldaki İşaretler", s. 6, Dâru'ş-Şurûk, 1403, 10. baskı

[111] Yûnus, 13. Abdullah Azzâm, "el-İslâm ve Müstakbelü'l-Beşeriyye", s. 36

tığı saldırılar zirveye ulaştı. Daha sonra da pençelerini bağırsaklarına daldırıp şiddetle çekerek onları, müthiş bir öfke ve intikam hırsıyla iki çenesi arasında ezip çiğnemeye başladı."[112]

Abdullah Azzâm'ı bu tahminlerde bulunmaya iten en önemli sebep ise, özetle şudur:

"Kapitalizm ve komünizmden oluşan modern materyalist medeniyet, günah ve haramları serbest bırakmasına ve dini toplum hayatından tamamen uzaklaştırmasına rağmen insanları mutlu etmeyi başaramamıştır. Aksine onları fikren ve ruhen bir boşluğa itmiştir. Barcerandercil bu konuda şöyle demektedir:

"Dünyamızdaki hayvanlar sevinç ve neşe içindeler. Hâlbuki insanlar bu mutluluğa onlardan daha layıktır. Ama insanlar modern dünyada hayvanların sahip olduğu bu nimetten mahrumlar. Ve bugün de bu nimet ve mutluluğu elde etmeleri imkânsız hâle gelmiştir."[113]

Alexis Carrel de "İnsan Denen Meçhul" adlı kitabında şöyle diyor:

"Modern şehir halklarının yaşamış olduğu endişe ve huzursuzluk, sahip oldukları siyasî, ekonomik ve toplumsal yönetimlerden kaynaklanır. Çünkü bilimin insan için varettiği ortam insanla uyuşmamaktadır. Bunun sebebi ise, bilimin insanı dikkate almadan ilerlemiş olmasıdır."[114]

Bernard Shaw ise bu durumu şöyle dile getiriyor:

"Medeniyetlerin bir dine muhtaç olduklarını ve hayatlarının da ölümlerinin de ona bağlı olduğunu biliyordum."[115]

Dünyanın içinde bulunduğu bütün bu sorunların çözümü ise, hak din olan İslâm'dadır. Fakat biz müslümanlar, bu emaneti hakkıyla taşıyamadık ve batılılar da İslâm'a hak ettiği değeri vermediler. Bu sebeple de dünya hâlâ küfür ve şer karan-

---

[112] a.e., s. 19
[113] a.e., s. 19
[114] a.e., s. 18
[115] a.e., s. 16

lıklarında bocalamaktadır. Bu gerçeği, bazı batılı düşünürler de açıkça ifade etmişlerdir. Ama kuvvet ve idare, ehliyetsiz kişilerin elinde olduğundan bunun hiçbir yararı olmamaktadır. Schelenger "Bir Medeniyetin Çöküşü" adlı kitabında şöyle diyor:

"Medeniyetlerin geçirdiği değişik dönemler vardır. Başka bir zamanda yeniden doğmak üzere bir yerde batarlar. İşte yeni bir medeniyet tüm ihtişamıyla doğmak üzere... O medeniyet, tertemiz, ilmî ve ruhî yönden çok güçlü olan İslâm'dır."[116]

Fransız düşünür Diebascie de şöyle demektedir:

"Batı İslâm'ı hiç tanımadı. Zira İslâm'ın doğuşundan beri batı ona karşı düşmanca bir tavır takındı. İslâm'a karşı açtığı savaşta kendini haklı göstermek için ona iftira atmaktan ve onu eleştirmekten de geri durmadı. Ve bu karalamalar sonucunda İslâm, batılıların zihniyetinde kötü ve yanlış bir yer edinmiş oldu. Ama şüphesiz modern dünyayı, günümüz materyalist medeniyetinin çıkmazlarından kurtaracak olan yalnızca İslâm'dır. Zira bu materyalist medeniyet devam edecek olursa, insanlığı yok ederek son bulması kaçınılmazdır."

Güvenli ve aydınlık bir yol

Allah (c.c.) şöyle buyuruyor:

"*Ey iman edenler! Eğer Allah'tan korkarsanız O, size iyi ile kötüyü ayırt edecek bir anlayış verir, suçlarınızı örter ve sizi bağışlar. Çünkü Allah büyük lütuf sahibidir.*"[117]

"*Ölü iken dirilttiğimiz ve kendisine insanlar arasında yürüyebileceği bir ışık verdiğimiz kimse, karanlıklar içinde kalıp ondan hiç çıkamayacak durumdaki kimse gibi olur mu?! İşte kâfirlere yaptıkları böyle süslü gösterilmiştir.*"[118]

Müslüman kardeşim! Günahların zifiri karanlığından kurtulup, tevbenin aydınlığına kavuştuğunda şüphesiz, hayatın an-

---

116 a.e., s. 38-39
117 Enfâl, 29
118 En'âm, 122

lamını fark edecek ve hürriyetin temiz havasını soluyacaksın. Zira ruh, ancak Allah'a kulluk etmek ve O'na samimi bir tevbeyle yönelmekle özgürleşir. Samimi tevbe ise kalbin, günah zincirlerinden, nefsin arzularına, şeytana ve Allah'tan başka her şeye kulluk etmekten kurtulmasıdır. İşte o zaman doğru yolda ilerlemek mümkün olur. Zira Allah (c.c.) şöyle buyuruyor:

"*Ey âdemoğulları! Size 'Şeytana tapmayın, o sizin apaçık bir düşmanınızdır ve bana kulluk ediniz, doğru yol budur.' demedim mi?*"[119]

Tevbe

1) İnsanlar iki guruptur: Tevbe edenler ve zalim olanlar. Peki, sen hangi gruptan olmak istersin? Allah şöyle buyuruyor:

"*Kim de tevbe etmezse, işte onlar zalimlerdir.*"[120]

Rablerine tevbe etmemek suretiyle nefislerine zulmedenlerin dereceleri farklı farklıdır. Ama bu derecelerin en tehlikelisi ve akıbeti en feci olanı küfür ve şirktir. Allah şöyle buyuruyor:

"*Doğrusu şirk, büyük zulümdür.*"[121]

Tehlike bakımından, şirkten sonra büyük günahlar, daha sonra da küçük günahlar gelmektedir.

2) Nasuh/samimi tevbe. Allah (c.c.) şöyle buyuruyor:

"*Ey iman edenler! Samimi bir tevbe ile Allah'a dönün. Umulur ki Rabbiniz sizin kötülüklerinizi örter ve sizi, içlerinden ırmaklar akan cennetlere sokar.*"[122]

Tevbenin şartları

1) Günahları terk etmek.

2) Geçmişte yapılan günahlara pişman olmak.

3) Günahları bir daha işlememeye kesin karar vermek.

---

[119] Yâsîn, 60-61
[120] Hucurât, 11
[121] Lokmân, 13
[122] Tahrîm, 8

4) Günahkâr ve fâsık kimselerden uzak durmak ve günahların işlendiği mekânları terk etmek.

Muhammed b. Ka'b el-Kurazî, nasûh tevbe hakkında şöyle demiştir:

"Nasuh tevbenin dört şartı vardır. Bunlar: Dille Allah'tan bağışlanma dilemek, azalarla günah işlemeyi terk etmek, kalple günaha bir daha dönmemeye azmetmek ve kötü arkadaşları terk etmektir."[123]

İşte bu tanım, tevbenin hakikatini açıkça ortaya koymaktadır. Çünkü yapmış olduğu günaha pişman olmayan kimse, günaha razı demektir. Günaha razı olan kimse de onu işleyen gibidir.

Günahtan vazgeçmeyen kişi de tevbe etmiş sayılmaz. Günahı terk etmeye kesin bir şekilde azmetmeyen kişi, zahirde tövbekâr ama batında günahkârdır. Allah ise, bedenlere değil kalplere bakar.

Günah işlenilen yerleri ve günahkârları terk etmeye gelince, şüphesiz bu şartı yerine getirmeyen bir kimse er ya da geç günahlara geri dönecektir. Zira üzüm üzüme baka baka kararır. Bunun birçok örnekleri vardır. Doğru yola dönmek isteyen nice insan vardır ki, kötü arkadaşları sebebiyle günahlara geri dönmüş, hatta eskisinden daha kötü bir hâle düşmüştür.

Peygamber (s.a.v.) şöyle buyuruyor:

"Kötü arkadaştan uzak dur. Zira sen arkadaşınla tanınırsın."[124]

Yine Allah Resûlü (s.a.v.) şöyle buyurmaktadır:

"Kişi dostunun dini üzeredir. Sizden biriniz kiminle dostluk ettiğine dikkat etsin."[125]

---

[123] Abdülmun'im b. Sâlih el-Azzî, "Tehzîbu Medâ-rici's-Sâlikîn" s. 178, Baskı: Vizâratü'l-Adl ve'ş-Şuûni'l-İslâmiyye", Birleşik Arap Emirlikleri

[124] İbn Asâkir. Hadisin senedi zayıftır; ama mana itibariyle doğrudur. Ayrıca bu mânada gelen diğer sahih hadisler bu hadisi desteklemektedir.

[125] Ahmed, 2/334

Buhârî'nin rivayet ettiği bir hadiste geçtiği üzere, doksan dokuz kişiyi öldürmüş olan bir katil, âlimlerden birine nasıl tevbe edeceğini sormuş, o da katile Allah'a kulluk eden salih kimselerin bulunduğu yere gidip, onlarla beraber Allah'a kulluk etmesi gerektiğini söylemiştir.

Bu hadisten açıkça anlaşılmaktadır ki, insan, kendisini günaha teşvik eden kötü çevresini terk edip, Allah'a itaat hususunda kendisine yardım edecek iyi bir çevre edinmedikçe, tevbesi sahih ve geçerli olmaz

Şeytanın tuzaklarından uzak dur!

Müslüman kardeşim! Şeytan görevini ciddiyetle sürdürmekte ve elinden geleni yapmaktadır. O senden ümidini kesmez ve ölünceye kadar da peşini bırakmaz:

"*Sonra elbette onlara önlerinden, arkalarından, sağlarından, sollarından sokulacağım ve sen, onların çoklarını şükredenlerden bulamayacaksın.*"[126]

Evet, şeytan peşini asla bırakmaz. Şayet küfre düşmekten kurtulursan, seni günah işlemeye teşvik eder. Eğer günahlara düşmekten de kurtulursan, bu sefer seni riyaya ve yaptığın iyi amelleri beğenmeye teşvik eder.

Şeytan insanların günah işlemesini sağlamak için değişik yollar dener. Bunlardan bazıları şöyledir:

1) Şeytan insana gelir ve "Bu küçük bir günahtır. Allah da çok bağışlayan ve merhamet edendir; dolayısıyla seni affeder." der. Böylece de küçük günahlar birikip çoğalır ve büyük günaha dönüşür. Bu sebeple Hz. Peygamber bizi bu duruma karşı uyarmış ve şöyle demiştir:

"Küçük günahlardan sakının!" Sonra Peygamber (s.a.v.) şöyle bir örnek vermiştir:

"Bir topluluk, çöl bir arazide konaklamışlar ve oduna ihtiyaçları olmuş. Bunun üzerine herkes birer dal parçası toplayıp

---

[126] Arâf, 17

getirmiş ve büyük bir yığın odun olmuş. Onlar da ateş yakıp ekmeklerini pişirmişler. İşte böylece kulun hafife aldığı küçük günahlar da birikip toplanır ve onu helâk eder."[127]

2) Yine şeytan insana, "Sen daha gençsin. İlerde yaşlandığın zaman tevbe edersin." der. Ama akıllı bir kimse şeytanın bu sözüne şöyle karşılık verir:

"Yalan söylüyorsun ey vesveseci şeytan! Bugün tevbe etmekten aciz olan yarın hiç tevbe edemez. Çünkü günahlar bir ağaç gibidir. Kalpte yavaş yavaş gelişerek iyice kuvvetlenir ve artık onu kökünden sökmek çok zor olur. Sonunda böyle bir kalp mühürlenir. Zira Allah (c.c.) şöyle buyuruyor:

"*Hayır! Onların işlemekte oldukları (kötülükler) kalplerini kirletmiştir.*"[128]

Yine insan yarın yaşayıp yaşamayacağını da bilemez:

"*Hiç kimse yarın ne kazanacağını bilemez. Yine hiç kimse nerede öleceğini bilemez.*"[129]

3) Şayet sen Allah'ın emri doğrultusunda yaşarsan, bu sefer şeytan sana gelerek şöyle der: "Niye kendini yoruyorsun ki! Allah insanları yaratmadan önce onların cennetlik mi yoksa cehennemlik mi olduğunu yazmıştır ve hepsi bellidir. Dolayısıyla sen Allah'ın takdirini değiştiremezsin!" Eğer böyle bir vesveseyle karşılaşırsan, şeytana şöyle de:

"Yalan söylüyorsun. Çünkü salih ameller yüksek derecelerin ve ebedî nimetlerin elde edilmesi için birer vesiledir. Nitekim Allah (c.c.) şöyle buyurmaktadır:

"*Geçmiş günlerde işlediklerinize (iyi amellerinize) karşılık olarak afiyetle yiyin, için.*"[130]

Cennetlik ya da cehennemlik olmanın göstergesi ise, amellerdir.

---

[127] Bu hadisi Ahmed ve Taberânî rivayet etmiş, Suyûtî de sahih olduğunu söylemiştir. Bkz. "Şerhu's-Sünne", 14/399

[128] Mutaffifîn, 14

[129] Lokmân, 34

[130] Hâkka, 24

Peygamber (s.a.v.) şöyle buyuruyor:

"Siz amel ediniz. Çünkü herkese, ne için yaratıldı ise o (yol) kolaylaştırılmıştır."[131]

Bu konuda Rabbimin şu sözü bana yeter:

"Artık kim verir ve sakınırsa, en güzeli de tasdik ederse, biz de onu en kolaya hazırlarız (onda başarılı kılarız). Kim cimrilik eder, kendini müstağni sayar, en güzeli de yalanlarsa, biz de onu en zora hazırlarız."[132]

4) Yine şeytan sana şöyle diyebilir: "Günahlar da sevaplar da Allah'ın takdiriyledir. Sen Allah'ın takdirini engelleyebilir misin?" Sen de ona şöyle de:

"Defol ey şeytan! Sen yalan söylüyorsun. Allah (c.c.), kullarını küfre ya da imana zorlamamıştır. Ancak onlara irade, kudret ve tercih hakkı vermiş, bundan sonra da haklarında delil olması için onlara bazı şeyleri emretmiştir. Bir müslüman, Allah hakkında bilgisizce konuşan sapkınların söylediği sözleri söylemez:

"Onlar bir kötülük yaptıkları zaman: 'Babalarımızı bu yolda bulduk. Allah da bize bunu emretti.' derler. De ki: 'Allah kötülüğü emretmez. Allah'a karşı bilmediğiniz şeyleri mi söylüyorsunuz?"[133]

"Müşrikler diyecekler ki: 'Allah dileseydi, ne biz ortak koşardık ne de atalarımız. Hiçbir şeyi de haram kılmazdık."[134]

5) Ey müslüman kardeşim! Eğer günahta çok aşırı gittiysen, o zaman da şeytan sana tevbeyi ertelemeni söyleyecek ve şöyle vesvese verecektir: "Amel defterini günahlarla doldurdun ve ömrünü isyanlar içinde geçirdin. Bütün bu yaptıklarından sonra hiç tevbe fayda verir mi? Sen tevbe trenini de, iyi kim-

---

131 Buhârî, Kitâbu Tefsîri'l-Kur'ân, no: 4568; Müslim, Kitâbu'l-Kader, no: 4787 (Mütercim)
132 Leyl, 5-10
133 Arâf, 28
134 En'âm, 148

selerden olma şansını da çoktan kaçırdın." Sen de ona şöyle söyle:

"Yalan söylüyorsun ey İblis! Zira Allah (c.c.) şu ayette doğru olanı açıkça bildiriyor:

"*De ki: 'Ey kendi nefisleri aleyhine haddi aşan kullarım! Allah'ın rahmetinden ümit kesmeyin! Çünkü Allah bütün günahları bağışlar. Şüphesiz ki O, çok bağışlayan, çok esirgeyendir.*"[135]

"*Ancak tevbe ve iman edip iyi davranışta bulunanlar başkadır; Allah onların kötülüklerini iyiliklere çevirir.*"[136]

Hz. Peygamber şöyle buyuruyor:

"Günaha tevbe eden, sanki hiç günahı olmayan kimse gibidir."[137]

Yine şeytana şöyle de: "Defol ey rezil! Zira Rabbim şöyle buyuruyor:

"*Şeytan insanı (uçuruma sürükleyip sonra) yüzüstü bırakıp rezil rüsva eder.*" [138]

Tevbe için geç kaldığımı söylüyorsun. Hâlbuki yola çıkan, gideceği yere mutlaka ulaşır.

Samimi tevbenin alâmetleri

İbn Kayyim şöyle diyor:

"Sahih ve kabul olmuş bir tevbenin bir kısım alâmetleri vardır ki, bazıları şunlardır:

Tevbe eden kul, tevbesinden sonra öncesine göre daha iyi bir insan olur. Allah'ın azabından emin olmaz ve daima korku içinde olur. Bu korku ölüm meleklerinin şu sözünü işitinceye kadar da devam eder:

---

135 Zümer, 53
136 Furkân, 70
137 İbn Mâce, Kitâbu'z-Zühd, 30
138 Furkân, 29

"Korkmayın, üzülmeyin, size vaad olunan cennetle sevinin!"[139]

Çünkü ancak bundan sonra korku kaybolur. Yine diğer bir alâmet de kulun, kalben pişman olması ve günahından dolayı kalbinin titremesidir. Tabiî bu da işlenilen günahın büyüklüğüne ya da küçüklüğüne göre değişir."[140]

Tevbeyi muhafaza etmek

İnsanlar zirveye ulaşmanın zor olduğunu söylerler. Hâlbuki zirvede kalabilmek oraya ulaşmaktan daha zordur.

Bu söz tevbe için de geçerlidir. Çünkü bazen insan tevbe eder ve günahları terkeder. Ama şeytan bir yolunu bulup ona tevbesini bozdurur. Bundan dolayı da tevbe edenlerin, şeytandan korunmaları ve onun müdahale yollarını tıkamaları gerekmektedir. Bu da ancak şu amellerle elde edilebilir:

1) Nefis muhasebesi

Niyeti muhafaza etme ve amelleri doğru yapma konusunda nefsi hesaba çekmek, şeytanın insana müdahale ettiği günah ve riya yollarını tıkar. Ömer b. Hattâb (r.a.) şöyle buyuruyor:

"Hesaba çekilmeden önce kendinizi hesaba çekin. Amelleriniz tartılmadan önce onları tartın. Zira bugün kendinizi hesaba çekmeniz yarın kıyamette hesap vermekten daha kolaydır. Ve o büyük hesap gününe de hazırlanın."[141]

Mâlik b. Dînâr da şöyle diyor:

"Nefsine, "Şöyle şöyle günahları yapan sen değil misin?" deyip onu kınayan, arzularını yerine getirmeyip onu Allah'ın Kitabına itaate zorlayan ve böylece nefsinin âmiri olan kişiye Allah rahmetiyle muamele etsin."[142]

---

[139] Fussilet, 30
[140] "Tehzîbu Medârici's-Sâlikîn" s. 125
[141] Ahmed, Zühd, 12
[142] Ahmed Ferîd, a.g.e., s.76

Hasan el-Basrî de şöyle buyuruyor:

"Bir işe niyetlendiğinde durup düşünen, eğer Allah içinse onu yapan, O'ndan başkası içinse de terkeden kula Allah merhamet etsin."[143]

Âbidlerden olan Abdurrahmân b. Râmerd el-Ezrak el-Adenî şöyle diyor:

"Eyvahlar olsun bana! İzleniyor günahlarım.
Ya beni hesap için çağırırsa, hesabımı görecek olan!
Eyvahlar ve yazıklar olsun bana!
Eğer dünyadayken verilirse cezam.
Uyan ey nefsim! Yazık sana! Kendini sakın,
Öyle ki gözyaşım ve feryadım artsın."[144]

Atâ'dan şöyle rivayet edilmiştir:

"Ömer b. Abdülaziz'in vefatından sonra Fâtıma binti Abdülmelik'in yanına gittim ve ona: "Bana Ömer b. Abdülaziz'i anlat." dedim. O da şöyle dedi:

"O kendini insanlara adamıştı. Onların işlerini görmek için gün boyu çalışırdı. Akşam olduğunda hâlâ işi bitmediyse gece de devam ederdi, tâ ertesi akşama kadar. Bir gün işlerini bitirdi ve kendine ait olan kandilini istedi. Sonra kalkıp iki rekât namaz kıldı. Sonra başını eline dayayıp bağdaş kurup oturdu. Gözyaşları yanağına akıyor ve hıçkıra hıçkıra ağlıyordu. Öyle ki kendi kendime: "Ciğerleri parçalanıp ölecek." dedim.

Bütün gece sabaha kadar bu şekilde devam etti. Sonra o günü de oruçlu geçirdi. Bunun üzerine onun yanına gittim ve şöyle dedim: "Ey Mü'minlerin emîri! Dün gece yaptığın gibi hiç yapmamıştın?" O da: "Evet, öyle. Haydi beni kendi hâlime bırak da işine bak." dedi. Ben de ona: "Anlatırsan belki de öğüt alırım." dedim. O da şöyle karşılık verdi:

---

143 a.g.e., s. 77
144 İbn Ebü'd-Dünyâ, "Muhâsebetü'n-Nefs", s. 72-73

"Öyleyse sana anlatayım. Ben kendime baktım ve küçüğüyle büyüğüyle, siyahıyla kızılıyla ve en ücra köşelerdekileriyle bu ümmetin idaresini üstlenmiş olduğumu gördüm. Ve düşündüm ki, Allah beni onlardan dolayı hesaba çekecek ve Peygamber (s.a.v.) de onlar hakkında benimle tartışacak. Ben de Allah katında bir mazeretim olmayacağından ve Peygamber'e (s.a.v.) de bir delil sunamayacağımdan korktum. Kendi nefsim hakkında öyle korktum ki gözlerim yaşardı ve kalbim ürperdi. Bu durumu her düşünüşümde korkum daha da arttı. İşte sana durumu anlattım. İster öğüt al, istersen alma."[145]

Kays'ın şöyle dediği rivayet edilmektedir:

"Ebû Bekir'i gördüm, dilini tutmuş şöyle diyordu: "Beni helâke sürükleyen işte bu!"[146]

Hasan el-Basrî'nin şöyle dediği rivayet edilmiştir:

"Ebû Bekir şöyle demiştir: "Keşke ben kesilen bir ağaç olsaydım."[147]

Abdullah b. Ömer'den (r.a.) şöyle rivayet edilmiştir:

"Ömer b. Hattâb şöyle derdi: "Fırat'ın kenarında bir oğlak ölse, korkarım ki, Allah onun hesabını Ömer'den sorar."

Abdullah b. Âmir'den ise şöyle rivayet edilmiştir:

"Ömer b. Hattâb'ı gördüm, yerden bir bitki alıp şöyle dedi: "Keşke ben bu bitki olsaydım. Keşke yaratılmasaydım. Keşke anam beni doğurmasaydı. Keşke ben var olmasaydım. Keşke unutulup gitmiş olsaydım."[148]

Ebû Derdâ'dan şöyle rivayet edilmiştir:

"Kişi, Allah'a isyanları sebebiyle bütün insanlara buğz edip, sonra da kendi nefsine bakarak ona daha da fazla buğz etmedikçe tam anlayış sahibi olamaz."[149]

---

145 a.e., s. 75
146 "Sıfatü's-Safve", 1/253
147 a.e., 1/251
148 Bu ve bir önceki rivayet "Sıfatü's-Safve"de geçmektedir. 1/258
149 Ahmed, Zühd, 134

2) Allah korkusu ve salih amel

Hasan el-Basrî şöyle diyor:

"İman, temennî ya da hayalle olacak şey değildir. Fakat iman kalpte yerleşen ve amelle desteklenendir. Bir kısım insanları bağışlanma temennisi aldatmıştır. Böylece onlar birçok günahla ya da hiç iyilik kazanmadan bu dünyadan ayrılmışlardır. Onlar, "Biz Allah'a hüsnü zan ediyoruz." diyorlar. Hâlbuki yalan söylüyorlar. Zira onlar Allah'a hüsnü zan etmiş olsalardı, güzel ameller yaparlardı."[150]

Âişe (r.a.): "*Ve Rablerine dönecekleri için yapmakta oldukları işleri kalpleri çarparak yapanlar.*" ayetinin anlamını Peygamber'e (s.a.v.) sormuş ve şöyle demiştir:

"Ey Allah'ın Resûlü! Bu zina eden, içki içen ve hırsızlık yapan kimse midir?" Peygamber (s.a.v.) de şöyle cevap vermiştir: "Hayır, ey Sıddîk'ın kızı! Fakat o oruç tutan, namaz kılan, sadaka veren; ama bunların kabul edilmeyeceğinden korkan kimsedir."[151]

İşte böylece bizler, Peygamber'in (s.a.v.), ashabının ve selef-i sâlih'in hayatında kalbi/aklı olan kimseler için birçok öğüt ve ibretler görmekteyiz.

Bununla birlikte onların, Allah'a itaat ve günahlardan kaçınma konusunda yüce mertebelere ulaşmalarına rağmen Allah'tan korktuklarını bu kıssalardan hayretle öğrenmekteyiz.

İşte insanlığın efendisi Peygamber (s.a.v.)! Gece namaz kıldığında öyle ağlıyor ki, göğsünden tencere kaynaması gibi sesler işitiliyor.

Abdulah b. eş-Şihhîr'den (r.a.) şöyle rivayet edilmiştir:

"Peygamber'in (s.a.v.) yanına gittim. Namaz kılıyordu. Göğsünden, kazan kaynaması gibi bir ses duyuluyordu."[152]

---

[150] Deylemî, "Müsnedü'l-Firdevs"te Peygamber'in (s.a.v.) sözü olarak rivayet etmiştir. Ama senedi zayıftır. Doğru olansa bunun Hasan-ı Basrî'nin sözü olmasıdır.

[151] Mü'minûn, 60. Sahîhu İbn Mâce, 3384

[152] Ahmed, 15727 (Mütercim)

Yine Peygamber (s.a.v.) namazda Rabbine dua ediyor ve şöyle diyordu:

"Ey Allah'ım! Senin gazabından rızana, cezandan affına ve senden sana sığınırım. Seni hakkıyla övemem, sen kendini nasıl övüyorsan öylesin."[153]

Sahih bir hadiste Hz. Peygamber'in şöyle dediği geçmektedir:

"Ey insanlar! Allah'a tevbe edin ve O'ndan bağışlanma dileyin. Allah'a yemin olsun ki ben Allah'a bir günde yetmiş kereden fazla tevbe ediyorum."[154]

Peygamber'in (s.a.v.) ashabı da Allah'tan (c.c.) çok korkarlardı. Bir gün sabah namazından sonra, çok hüzünlü bir hâlde olan Ali b. Ebû Tâlib (r.a.), sahâbeyi şöyle anlattı:

"Ben Peygamber'in (s.a.v.) ashabını gördüm. Ama bugün onlara benzer hiç kimse göremiyorum. Onlar saçları başları dağınık, toz toprak içinde, yorgun ve uykusuz bir şekilde sabahlarlardı. Zira onlar geceyi secdede ve kıyamda Allah'ın Kitabı'nı okuyarak geçirirlerdi. Sabah olduğunda ise Allah'ı zikrederler ve ağaçların rüzgârlı bir günde titremesi gibi titrerlerdi. Öyle ağlarlardı ki, gözyaşlarından elbiseleri ıslanırdı. Vallahi bugün ben, sanki gecelerini gaflet içinde geçiren bir toplum içindeyim."

Sonra da kalktı. Ve o günden sonra da, İbn Mülcem onu şehit edinceye kadar güldüğü görülmedi.

Sahih bir hadiste geçtiği üzere Ebû Bekir (r.a.) namaz kıldırdığında o kadar çok ağlardı ki, neredeyse insanlar onun okuyuşunu işitemezlerdi.

Ömer (r.a.) Tûr sûresini okuyan birisini dinliyordu. "*Rabbinin azabı mutlaka vuku bulacaktır.*" ayetine gelince, Ömer (r.a.) bir duvara dayandı ve ağlamaya başladı. Evine vardı-

---

[153] Müslim, Kitâbu's-Salât, no: 751 (Mütercim)
[154] Müslim, 2704

ğında rahatsızlandı ve insanlar onu ziyarete geldi. Hâlbuki o hasta değildi. Allah korkusu onu bu hâle getirmişti.

Abdullah b. İsa'dan da şöyle rivayet edilmiştir:

"Ömer'in (r.a.) yüzünde ağlamaktan dolayı iki siyah çizgi oluşmuştu."

Yine Fudayl b. İyâd'ın oğlu Ali, babasını Müddessir suresini okurken dinliyordu. Babası, "*O Sur'a üfürüldüğü zaman var ya.*" âyetini okuduğunda derin bir iç çekti ve Allah korkusundan dolayı öldü.

Yine Tirmizî, yüce tabiî Zürâre b. Ebû Evfâ'nın insanlara kıldırdığı bir sabah namazında Müddessir suresini okuduğunu ve "*O Sur'a üfürüldüğü zaman var ya, işte o gün zorlu bir gündür.*" ayetine gelince de bir çığlık atıp öldüğünü rivayet etmektedir.[155]

Kalpte Allah korkusunun yerleşmesi daimî bir murakabeye, nefsi küçük büyük her amelde hesaba çekmeye vesile olur. Yine Allah korkusu nefisteki şehvet ateşini de söndürür.

Ebû Hafs şöyle demiştir:

"Korku Allah'ın, kapısından kaçanları ıslah ettiği kamçısıdır."

Ebû Süleyman ise şöyle demektedir:

"Korku, bir kalpten çıktı mı, artık o kalp viran olmuştur."

İbrahim b. Süfyân şöyle demektedir:

"Korku kalplere yerleşti mi, oradaki şehvetleri yakar ve dünyayı da oradan kovar."[156]

3) Murakabe

Yani gizli ve açık hâllerde Allah'ın gözetiminde olduğunu bilmek... Bu hâl Allah korkusunun en yüce mertebesidir.

Allah (c.c.) şöyle buyuruyor:

---

155 "Sıfatü's-Safve", 1/286

156 Zikredilen bu üç söz, "Tehzîbu Medârici's-Salikin", s. 27'de geçmektedir.

"Fakat daha görmeden Rablerinden (azabından) korkanlara gelince, onlar için gerçekten hem bağışlanma hem de büyük mükâfat vardır."[157]

Murakabe aklı ve fikri, günah olan şeyleri düşünmekten, kalbi de günahları ve günahkârları sevmekten alıkoymayı kapsar. Böylece de Allah (c.c.) kulun azalarını günah işlemekten korur. Seleften bazıları şöyle demiştir:

"Kim batınını ıslah edip düzeltirse, Allah da onun zahirîni düzeltir. Kimin gizli düşünceleri temiz olursa Allah da onun aşikâr hâlini ıslah eyler."

Akla gelen düşüncelerde murakabeyi sağlamak, tevbeyi takviye etmek ve şeytanın müdahale yollarını kapatmak noktasında çok önemli bir ameldir.

Kul, vesvese ve düşünceler vasıtasıyla günah işlemedikçe onlardan sorumlu tutulmayacaktır. Ama düşünce ve vesveseler, şeytanın insana tevbeyi bozdurmak için kullandığı en tehlikeli yollardandır. Çünkü günahları düşünmeye devam etmek ve bundan zevk almak, nefsin o günahları güzel görmesine, hatta onları elde etmeye çalışmasına yol açar. Bu sebeple de tevbesinin sağlam ve devamlı olmasını isteyen bir kişi bu tür vesvese ve düşüncelerden sakınmalıdır.

Allah Rabbine seslenerek şu sözleri söyleyen kişiye merhamet eylesin:

"Sanki senin tarafından bir gözcü, gözlüyor düşüncelerimi,
Bir diğeri de gözlüyor bakışlarımı ve dilimi.
İki gözüm ne zaman baktıysa senden başkasına,
İkisi de gördü beni, dedim kendime.
Bir söz söylediğimde, senden sonra başkasına,
İkisi de beni işitti, dedim kendime.
Kalbime düştüğünde senden başkasının anısı,
Hemen dizginimi tuttu o ikisi.
Sevgiden uzak olanlar eğlenirken,

157 Mülk, 12

Başkalarının sözü ya da hatırasıyla,
Gördüm ki benden başkasını eğlendiren şeyler,
Benim özlemimi artırıyor sana yakın olmaya,
Öyle ki, sıkılıyorum bulunduğum yerden.
İyi arkadaşların sözlerinden usandım,
Dilimi ve düşüncemi onlardan sakındım.
Nefret onlardan daha eğlendirici değil ancak,
Senin her yerde beni gördüğünü anladım."

Evet, ey kardeşim!

Kalp bir şeyi çok andı mı, nefis o şeye meyleder ve arzu duyar. Aynı şekilde, nefis bir şeyi arzuladı mı, kalp de onu çokça anmaya başlar. Kalbin bir şeyi anması da ya onu sevdiğinin ya da sevmeye başladığının bir göstergesidir. Bu iki durum, yani bir şeyi anmanın sevgiye vesile olması ya da onun sevildiğini göstermesi hakkında Zü'n-Nûn şöyle demiştir:

"Kimin kalbi ve dili, zikirle meşgul olursa, Allah onun kalbinin kendine özlem duymasını sağlar."

İbrahim b. Cüneyd demiştir ki:

"Denirdi ki, Allah sevgisinin alâmeti kalp ve dille zikre devam etmektir. Ve kişi Allah'ı zikretmeye düşkün olursa Allah sevgisini elde eder."

Seriyyü's-Sekatî'ye hâli sorulmuş, o da şu şiirle karşılık vermiş:

"Kalbi Allah sevgisiyle dolu olmayan,
Bilemez ciğerler nasıl parçalanır."[158]

4) İhlâs ve mutâbaa

İhlâs, ameli her türlü riyadan, dünyevî amaçlardan korumak ve onu sadece Allah rızası için yapmaktır.

---

[158] Bu üç söz, Ebû'l-Ferec b. Receb el-Hanbelî'nin "İstinşâku Nesîmi'l-Üns Min Nefehâti Riyâdi'l-Kuds" adlı eserinde zikredilmektedir. Baskı: el-Mektebü'l-İslâmî, s. 55

"Artık her kim Rabbine kavuşmayı umuyorsa, iyi iş yapsın ve Rabbine ibaette hiçbir şeyi ortak koşmasın."[159]

Mutâbaa ise, amelin Allah'ın Kitabı'na ve Peygamber'in (s.a.v.) sünnetine uygun olmasıdır. Zira Peygamber (s.a.v.) şöyle buyuruyor:

"Her kim bizim işimize (İslâm'a) uymayan bir amel yaparsa, o reddedilmiştir."[160]

Salih bir amelde bu iki şart bulundu mu, o amel Allah'ın izniyle kabul edilir. Bir salih amelin kabul edilmesi demek, diğer salih amellerin kapılarının açılması ve günah yollarının da kapanması demektir. Böylece kalpteki takva azmi ve tevbede sebat etme kararı da güçlenir.

"Doğru yolu bulanlara gelince, Allah onların hidayetlerini artırır ve sakınmalarını/takva sağlar."[161]

Ey kardeşim! Bilesin ki ihlâs, nefse ağır gelir. Çünkü ihlâs, ameli şahsî çıkar ve menfaatlerden soyutlamaktır. Bu da nefsin, övülmek gibi hoşuna giden şeylerden mahrum kalması demektir. Ama mü'min, ihlâsın mükâfatının amelin kabulü olduğunu öğrenince, kıyamet gününün dehşetinden emin olmak ve cennetteki ebedî nimetlere kavuşmak için bütün dünyevî menfaatleri feda etmekten kaçınmaz.

Fudayl b. İyâd vefatından sonra rüyada görülür ve kendisine, "Allah sana nasıl muamelede bulundu?" diye sorulur. O da, "Günahlarımı bağışladı." der. "Nasıl?" diye sorulduğunda da şöyle cevap verir: "Vallahi, bana, gece yarısında Allah rızası için/ihlâsla kılmış olduğum birkaç rekâttan başka bir amel fayda sağlamadı."

Yine aynı şekilde Süfyân es-Sevrî de vefatından sonra rüyada görülmüş ve ona da "Allah sana nasıl muamelede bulundu?" diye sorulmuş, o da şöyle cevap vermiş:

---

159 Kehf, 110
160 Buhârî, 287; Müslim, 1718
161 Muhammed, 17

"Rabbimin huzurunda durdum ve O'na baktım,
Dedi ki bana: "Ey İbn Saîd! Senden razı oldum.
Zira sen karanlık bastığında namaza dururdun,
Gözyaşları ve özlem dolu bir kalple.
Şimdi dilediğin köşkü seç ve beni de ziyaret et;
Zira ben sana uzak değilim."

Bir rivayette ise şöyle geçmektedir:

"İhlâslı olanlara müjdeler olsun! Zira onlar hidayet kandilleridir ki, o kandiller onlardan her karanlık fitneyi uzaklaştırır." Bu hadisi Ebû Nuaym, "el-Hilye" adlı eserinde Sevbân'dan rivayet etmiştir.

İhlâs, nafile ibadetleri insanların gözlerinden saklamaktır. Hadiste, Allah'ın kendi gölgesinden başka gölge olmayan hesap gününde, kendi gölgesinde gölgelendireceği zikredilen yedi gruptan biri de şunlardır:

"Sağ elinin verdiğini sol eli bilmeyecek kadar gizli sadaka veren adam."[162]

Selef-i salihîni tarif eden sözlerden biri şöyledir:

"Onlar iyiliklerini, sizin kötülüklerinizi sakladığınız gibi saklarlardı."

Onlar bunu ihlâslı oldukları ve sadece Allah'ın rızasını gözettikleri için yapmaktaydılar.

Muhammmed b. Vâsi de şöyle demektedir:

"Ben öyle adamlara yetiştim ki, onlardan biri başını hanımıyla aynı yastığa koyar ve gözyaşlarından dolayı yastığı ıslanırdı da hanımının bundan haberi olmazdı. Yine öyle adamlara yetiştim ki, onlardan biri safta durur ve gözyaşları yanağına süzülürdü de yanındaki bunun farkına varmazdı."

Hasan b. Sinan'ın hanımı da şöyle diyor:

"Hasan benimle beraber yatağa gelirdi. Sonra annelerin

---

[162] Buhârî, 660

çocuklarını kandırdıkları gibi beni kandırırdı. Şöyle ki, benim uyuduğumu anlayınca, gizlice yataktan kalkar, sonra da namaz kılardı. Bir seferinde ona dedim ki:

"Ey Ebû Abdullah! Nefsine ne kadar da çok eziyet ediyorsun. Kendine acı." O da şöyle dedi:

"Yazık sana, sus! Zira uzunca bir zaman kalkmayacağım bir uykuya yatmam yakındır."[163]

5) Allah'ın sevgisini kazanmaya çalış!

Bu da ancak farz amelleri yerine getirmek ve elden geldiğince nafile ibadet yapmakla mümkündür. Farzlara gelince, onları yerine getirmeyip zayi eden bir müslüman şeytanın etkisi altına girmiştir. Farzları yerine getirip muhafaza edenleri ise Allah koruması altına alır. Zira Allah (c.c.) şöyle buyuruyor:

"*(Rasûlüm!) Sana vahyedilen Kitabı oku ve namazı kıl.*

Muhakkak ki namaz, hayâsızlıktan ve kötülükten alıkoyar."[164]

Kim namaz görevini yerine getirirse, Allah onu diğer farzları da eda etmeye muvaffak kılar. Yalnız namazı hakkıyla kılmak şartıyla... Zira Allah bunu şart koşmuştur:

"*Gerçekten mü'minler kurtuluşa ermiştir; onlar ki namazlarında huşu içindedirler.*"[165]

Nafilelere gelince, onlar Allah'ın sevgisini ve dostluğunu kazanma vesileleridir. Allah, Buhârî'nin rivayet ettiği kudsî bir hadiste şöyle buyuruyor:

"Kulum bana, kendisine farz kılmış olduğum amellerden daha sevimli hiçbir şeyle yaklaşamaz. Nafilelerle bana yaklaşmaya devam eder de nihayet ben onu severim. Onu sevdim mi de, işiten kulağı, gören gözü, tutan eli ve yürüyen ayağı olu-

---

[163] Abdülaziz b. es-Selmân, "İrşâdü'l-İbâd", s. 73-76
[164] Ankebût, 45
[165] Mü'minûn, 1-2

rum. Şayet benden bir şey isterse veririm. Bana sığınırsa, onu korumam altına alırım."[166]

Bu hadisin manası şudur: Kul ihlâs ile farzları yerine getirmekle birlikte, çokça nafile ibadet yaparsa Allah'ın sevgisini kazanır. Bu sevgiyi kazanınca da Allah onunla beraber olur. Yani her işinde ona yardımcı olur. Allah kime de yardımcı olursa, onu şeytanın kötülüklerinden korur.

6) Amelleri kabre sokan tuzaktan sakın!

Şüphesiz salih ameller insanın mutluluk ve kurtuluş yolunda emin adımlarla ilerlemesini sağlar. Ama şeytan hayatta olduğun müddetçe senden ümidini kesmeyecektir. Şayet seni günah ve isyanlara düşüremezse ya da seni iyi amellerden alıkoyamazsa, işte o zaman en büyük tuzağına başvurur. Bu tuzağı senin önüne serer ve onu süsleyerek seni içine düşürmeye çalışır. Ve sana, Allah'ın rahmetinden kovulmasına sebep olan hastalığı, yani yapılan iyi amellere aldanarak kendini beğenme hastalığını bulaştırmak ister ki bütün amellerin boşa gitsin.

Dolayısıyla ey müslüman kardeşim! Şeytan sana yapmış olduğun iyi bir ameli hatırlatıp seni kendini beğenmeye teşvik ettiğinde sana düşen, yapmış olduğun bütün iyi amellerin Allah'ın bir lütfu olduğunu hatırlamandır. Çünkü sen onları Allah'ın yardımıyla yaptın. Ayrıca onların kabul edildiğine dair bir garantin olmadığı gibi, Allah'ın senin için sakladığı mükâfatı da henüz görmüş değilsin. Allah'ın şu sözünü iyi düşün:

"*Eğer üstünüzde Allah'ın lütuf ve merhameti olmasaydı, içinizden hiçbir kimse asla temize çıkamazdı. Fakat Allah dilediğini arındırır.*"[167]

Yine insan son nefesinde imansız gidip bütün amelinin boşa çıkmayacağından emin olamaz. Zira Peygamber (s.a.v.) şöyle buyuruyor:

"Sizden biri cennetlik olanların amellerini yapar. Öyle ki

---

166 Buhârî, 6502
167 Nûr, 21

cennetle arasında bir arşın mesafe kalır. Derken kitap(ta yazılı olan kader) onun önüne geçer de cehennemlik olanların amellerini yapmaya başlar ve cehenneme girer."[168]

Ey mü'min!

Eğer nefsin seni amelinle aldatıyorsa, ona de: "Rabbim helâk olan bir toplum hakkında şöyle buyuruyor:

"*Biz onları, bilmedikleri bir yönden yavaş yavaş azaba yaklaştırıyoruz.*"[169]

Düşün ey kardeşim! Amelin ne kadar çok olursa olsun, Allah'ın sana vermiş olduğu nimetlere asla denk olamaz. Çünkü Allah seni var etti, sana birçok imkânlar verdi ve seni dosdoğru olan yoluna ulaştırdı.

"*Ey insan! Seni yaratıp, düzgün ve dengeli kılan, seni istediği bir şekilde birleştiren, ihsanı bol Rabbine karşı seni aldatan nedir?*"[170]

Nefsin amellere aldanıp gurura kapılıyorsa, onu Allah'ın huzurunda boyun eğmek ve O'na muhtaç olduğunu bilmekle tedavi et. Yapmış olduğun günahları ve Rabbinin örtmüş olduğu ayıp ve hataları düşün.

Dünyadaki âşıklara göre; sevenin sevdiği karşısında zelil olması bir şereftir. Peki, Allah'ı sevenler bu şerefi elde etmeye daha layık değiller midir?

Yûsuf b. Hüseyin şöyle diyor:

"Gencin aşkı uğrunda zelil olması asalettir,
Sevgilisine boyun eğmesi ise şereftir."

Bir diğeri ise şöyle der:

"Zillet izzetimdir, dolayısıyla beni kınama,
Benden istediğin nedir, ey kınayan?"[171]

---

168 Buhârî, 3207; Müslim, 2643
169 Kalem, 44
170 İnfitâr, 6-8
171 İbn Receb, a.g.e., s. 112

Ebû Yezîd el-Bistâmî şöyle demiştir:

"Allah'a, zillet içinde ve O'na muhtaç olduğunuzu gösterecek amellerle yakınlaşın."

İbn Teymiyye ömrünün sonlarına doğru, talebesi İbn Kayyim'e şu beyitleri yazıp göndermiştir:

"Göklerin Rabbine muhtacım ben,
Her hâlimde zavallıyım ben,
Nefsime zulmedenim ben, o bana.
Eğer bize bir iyilik gelecek olsa, O'nun katından gelir.
Nefsime bir fayda sağlayamam ben,
Ne de zararları defedebilirim nefsimden,
Fakirlik benim ayrılmaz vasfımdır,
Zenginlik de O'nun zatî sıfatıdır,
Ve bütün mahlûkatın durumu da budur,
Zira hepsi O'nun huzuruna kul olarak gelecektir."[172]

Ey kardeşim! Şu yüce mücahid âlimin haline bak! Rabbine acziyetini ve kusurunu nasıl da itiraf ediyor! Aynı şekilde diğer selef-i salih de gurur ve kendini beğenmekten uzaktılar.

İşte Ömer! Hançerlendiği ve ölümü yaklaştığında bir genç ona şöyle diyor: "Allah'ın müjdesiyle sevin, ey müminlerin emîri! Zira sen, Peygamber'in (s.a.v.) ashabından ve İslâm'a ilk girenlerdensin. Daha sonra emîr oldun ve adaletli davrandın. Ve şimdi de şehit oluyorsun." Ömer (r.a.) de ona şöyle dedi:

"İsterdim ki, bunların hepsi başa baş olsun, ne lehimde ne de aleyhimde."[173]

İşte zühd sahibi bir abid olan Muhammed b. Münkedir! Ölüm hastalığında yanına girilmiş ve üzüntülü olduğu görülmüş. "Niye endişelisin?" diye sorulunca da şöyle cevap vermiş:

"Allah'ın Kitabı'ndaki bir ayet beni korkutuyor. Zira Allah (c.c.) şöyle buyuruyor: "*Hâlbuki (o gün) onlar için Allah tara-*

---

[172] "Tehzîbu Medârici's-Sâlikîn", s. 27
[173] "Sıfatü's-Safve", 1/229

fından, hiç hesaba katmadıkları şeyler ortaya çıkmıştır."[174] Ben de Allah tarafından hiç hesaba katmadığım şeylerin ortaya çıkmasından korkuyorum."

Bu da, Allah Resulü'nün: "O ehli beytimizdendir." dediği, mücahid bir âbid olan Selman-ı Fârisî! Rabbine, nimetleri karşısındaki acziyetini itiraf ederek şöyle diyor:

"Üç şey beni güldürür ve üç şey de ağlatır. Öleceği hâlde dünyaya ümit bağlayana, kendisinden gafil olunmadığı hâlde kendisi gafil olana ve Rabbini razı mı etti yoksa kızdırdı mı bilmeden kahkaha atana gülerim.

Beni ağlatan üç şey ise, sevdiklerimden yani Muhammed (s.a.v.) ve ashabından ayrılmak, ölümden sonra dirilmek ve âlemlerin Rabbi'nin huzurunda durmak. Zira bilemiyorum ki, cennete mi yoksa cehenneme mi gideceğim."[175]

Hem âbid hem de mücahid olan Muhammed b. Vâsi de, geceleri ordusuna görünmeden Hindikuş dağlarında, karın üstünde namaz kılardı. Komutan Kuteybe b. Müslim onun hakkında şöyle diyor:

"Muhammed b. Vasi'nin bir parmağı bile, benim için yüz bin Farisî gençten ve meşhur kılıçtan daha değerlidir." Ama o bu kadar namazı, orucu ve cihadına rağmen kendini kusurlu ve günahkâr görüyor ve kendi hakkında şöyle diyor:

"Şayet günahların kokusu olsaydı, hiç kimse yanıma yaklaşıp oturamazdı."

Ebû Bekir (r.a.) da şöyle diyor:

"Vallahi bir ayağım cennette, diğeri de dışında olsa bile Allah'ın azabından emin olamam."

Ahmed b. Hanbel'e gelince, onun şeytanın aldatması karşısındaki durumu ise gerçekten şaşırtıcıdır. Zira o ölüm döşeğindeyken bayıldığı bir anda, "Henüz değil, henüz değil" diyordu. Uyandığında kendisine bu hâli sorulunca şöyle dedi:

---

174 Zümer, 47
175 "İrşâdü'l-İbâd", s. 71

"Şeytan bana, "Benden kurtuldun, çünkü ben seni yenemedim." dedi. Ben de ona, "Henüz değil" dedim." Allah sana rahmet etsin, ey Ahmed b. Hanbel! Zira sen ölmek üzereyken bile nefsinin aldatmasından emin olmadın.

Ey müslüman kardeşim! Bizim bu tertemiz ve yüce emelleri olan insanlara benzememiz ve nefsimizin aldatmasından sakınmamız gerekmez mi? Zira nefsin aldatması insanı hevaya tâbi olmaya ve doğru yoldan sapmaya sebep olur.

"Eğer onlardan değilseniz, örnek alın onları,
Çünkü benzemek kurtuluştur, yüce insanlara."

Haydi koş!

"*Rabbinizin bağışına ve takva sahipleri için hazırlanmış olup genişliği gökler ve yer kadar olan cennete koşun!*"[176]

Ey kardeşim! Sana yol gösterici işaretleri açıkladım. Artık güvenli adımlarla, azimle ve gayretle yola koyul. İşte sana sevgililer diyarından azmini kuvvetlendirecek parıltılar:

"Haydi, Adn cennetlerine! Zira orası,
İlk konağımızdır ve oradadır çadırlar.
Fakat biz esirleriyiz düşmanın,
Kurtulup vatanımıza döner miyiz?
Ey arkadaşım! Onların ateşini görmez misin?
Dedi ki: 'Görmediğim şeyi bana gösteriyorsun.
Aşka kanmışsın ama ben kanamadım,
Böylece sen, benim görmediğim şeyleri gördün."

Peygamber (s.a.v.) şöyle buyuruyor:

"Akıllı kendini hesaba çeken ve ölümden sonrası için çalışandır. Aciz ise, hevasının peşine takılan ve Allah hakkında iyi temennilerde bulunandır."[177]

---

176 Âl-i İmrân, 133
177 Bu hadisi, Ahmed, Tirmizî, İbn Mâce, sahih kaydıyla Hâkim, Suyûtî ve diğerleri rivayet etmiştir. Bkz. "Şerhu's-Sünne", 14/309

"Allah'ın öyle zeki kulları vardır ki,
Dünyayı boşayıp, fitnelerden kaçmışlardır.
Dünyaya bakıp da görünce, onun
Dirilere vatan olmadığını anladılar.
Engin bir deniz varsaydılar da onu,
Salih amelleri birer gemi edindiler, o denizde."

Azim ve kararlılık var Aşırı gitmek yok

Peygamber (s.a.v.) şöyle buyuruyor:

"Bineğini aşırı yoran kimse, ne yol alabilir, ne de bineğini çatlayıp telef olmaktan kurtarabilir."[178]

Dinin emirlerinde aşırı gidenler bir anda her şeyi kaybederler. Onların misali yolculuk esnasında atını süratle koşturup yoran ve sonunda da onu çatlatıp yarı yolda kalan kimse gibidir. Aynı şekilde dinî amellerde, sözlerde ve düşüncelerde aşırı gidenlerin sonu helaktır.

Peygamber (s.a.v.) şöyle buyuruyor:

"Aşırı gidenler helâk oldu, aşırı gidenler helâk oldu, aşırı gidenler helâk oldu!"[179]

Aşırı gidenler demek, haddi aşanlar, farz olmayan amelleri farz, zorunlu olmayanları da zorunlu sayanlardır. Bu sebeple de Peygamber (s.a.v.) ibadet konusunda aşırı giden üç kişinin bu tutumunu hoş karşılamamıştı. Zira onlardan biricisi, "Devamlı oruç tutacağım, iftar etmeyeceğim.", ikincisi, "Geceleri ibadetle geçireceğim ve uyumayacağım.", üçüncüsü de, "Kadınlardan uzak duracağım ve onlarla evlenmeyeceğim." demişti. Ama Peygamber (s.a.v.) onlara anlamlı bir cevap vererek şöyle buyurdu:

"Şüphesiz ben sizin Allah'tan en fazla korkanınız ve O'na karşı en takvalı olanınızım. Ama ben, bazen oruç tutarım, bazen tutmam; hem gece namazı kılarım, hem de uyurum ve ka-

[178] Bu hadisi, Bezzâr, "Ulûm" adlı eserinde Hâkim, "Sünen" adlı eserinde Beyhakî rivayet etmiştir. Bkz. Sehâvî, "el-Mekâsidü'l-Hasene", 390

[179] Müslim, 2670

dınlarla da evlenirim. Kim benim sünnetimden yüz çevirirse, benden değildir."[180]

"Kim bana senin yolunu gösterecek, zira sen,
Yavaşça yürürsün; ama en başta gelirsin."

Ben derim ki, bozuk bir inanca sahip olan, kendi dışındakilere ve din kardeşlerine suizanla bakan ve onları hakir görenler de her şeyi isteyen; ama hepsini de kaybeden bu aşırı gruba dâhildir. Peygamber (s.a.v.) şöyle buyuruyor:

"Bir kişi, 'İnsanlar helâk oldu.' dediğinde, o onların en çok helâk olmuş olanıdır."[181]

"Birbirlerine karşı vahşi aslanlar gibidirler,
Senin etrafında ise onların en üstünü çöldeki
deve kuşudur."

Ey müslüman kardeşim! Sana düşen Peygamber'in (s.a.v.) ve ashabının yoluna uymaktır. Hevasına uyup aşırı gidenlerin yalanlarına aldanma. Peygamber'in yoluna ulaşmak için de ilim ehli ve Allah korkusuna sahip olan kimselere tâbi ol. Zira aşırı gidenler bu iki özellikten birini, yani ilim ya da Allah korkusunu yitirdiklerinden dolayı bu hâle düşmüşlerdir.

Gafletten uyan!

Gaflet, Allah'ın rızasına doğru yapmakta olduğun mutlu yolculuğu zorlaştırır. Zira gaflet sana birçok zorluk çıkarır ve yolda karşına çıkabilecek olan engelleri unutturur. Dolayısıyla ya durmak zorunda kalırsın ya da yol kesen eşkıyaların beklemekte olduğu diğer yollara saparsın.

Bu yol kesen eşkıyaları şair şu iki beyitte anlatmaktadır:

---

[180] Buhârî, 5063
[181] Müslim, 2623

"Ben dört şeyle imtihan ediliyorum ki onlar,
Bana musallat oldu mu, derdim ve afetim artar:
Şeytan, dünya, hevâ ve nefsim,
Kurtuluş nasıldır, hepsi düşmanımken benim?"

Şeytan senin düşmanındır. Zira o seni ateşe çağırır:

"*Çünkü şeytan sizin düşmanınızdır, siz de onu düşman sayın. O, kendi taraftarlarını ancak ateş ehlinden olmaya çağırır.*"[182]

Dünya ise, seni âhiretten yüz çevirmeye çağırır:

"*Ey insanlar! Allah'ın vaadi haktır, sakın dünya hayatı sizi aldatmasın ve o aldatıcı (şeytan) da Allah hakkında sizi kandırmasın!*"[183]

Nefis ise, eğer onu terbiye etmez ve ona engel olmazsan, günahlara arzu duyar ve sana günah işlemeni emreder:

"*Nefis aşırı şekilde kötülüğü emreder; Rabbim acıyıp korumuş başka.*"[184]

Hevaya (keyfî istek ve arzulara) gelince, eğer sen onu şeytandan uzaklaştırmazsan, o seni Allah'tan uzaklaştırır ve kalbine mühür vurulmasına yol açar:

"*Bunlar, Allah'ın kalplerini mühürlediği, hevâ ve heveslerine uyan kimselerdir.*"[185]

Öldürücü gaflet hastalığından korunmak için, Allah'ın izniyle fayda verecek olan şu reçeteyi uygula:

1) Kur'an'ı çok oku ve anlamı üzerinde düşün. Çünkü Kur'an kalplere hayat verir.

"*Allah sözün en güzelini, birbiriyle uyumlu ve bıkılmadan tekrar tekrar okunan bir kitap olarak indirdi. Rablerinden korkanların bu Kitabın etkisinden tüyleri ürperir, derken hem be-*

---

[182] Fâtır, 6
[183] Fâtır, 5
[184] Yûsuf, 53
[185] Muhammed, 16

denleri ve hem de gönülleri zikrine ısınıp yumuşar. İşte bu Kitap, Allah'ın dilediğini kendisiyle doğru ola ilettiği hidayet rehberidir."[186]

2) Ölümü düşün. Zira sen bugün yaşıyorsun; ama bir gün öleceksin. Ölümü düşünmek, kalbi diriltir ve onu gafletten uyandırır. Peygamber (s.a.v.) şöyle buyurmuştur:

"Lezzetleri yok eden ölümü çokça hatırlayınız."[187]

Hasan el-Basrî, yolda gülüp bağrışan bir grubun yanından geçmekteydi. Onlara şöyle dedi: "Lezzetleri yok eden ölümü hatırlayın."

Ömer b. Abdülaziz (r.a.) kabristana gitti. Orada öyle ağladı ki, gözleri kızardı. Kendisine bu durumu söylenince şöyle dedi:

"Sevdiğim insanların kabirlerine uğradım ve onlara selâm verdim. Ama onlar bana karşılık vermedi. Geri dönüp gelirken toprak bana şöyle seslendi: "Ey Ömer! Sevdiklerinin başına ne geldiğini bana sormayacak mısın, yoksa?" Ben de ona, "Tabi ki, soracağım, haydi anlat." dedim. O da şöyle dedi:

"Kefenler yırtıldı; bedenler çürüdü ve renkler değişti."[188]
"Ne oluyor bize, görmezden geliyoruz dönüş yerimizi.
Gaflete dalmışız, unutuyoruz bizi unutmayanı.
Hırsımız artıyor, zaman bizi alıkoyduğu hâlde.
Sanki hırstan men etmesi, teşvik ediyor bizi.
Nerede krallar, nerede onların oğulları,
Nerede kendilerine boyun eğilenler?
Ölüm onlara geldi de değiştirdiler,
Vatanlarını başka vatanlarla.
Şatafatlı şehirlerde oturuyorlardı,
Toz kaplı, ıssız çukurlara yerleştiler.

---

186 Zümer, 23

187 Bu hadisi, Tirmizî, Nesâî, İbn Mâce ve sahih kaydıyla Hâkim rivayet etmiştir. Bkz. "Şerhu's-Sünne", 5/262

188 İbnü'l-Cevzî, "el-Mevâiz ve'l-Mecâlis", s. 162-163, Dârü's-Sahâbe li't-Türâs, Tantâ

Ey heva meydanlarında neşeyle koşan!
Günah elbiseleri içinde sarhoşça dolaşan!
Zaman ve ömür oyun içinde geçti.
Geçenler sana yeter, kalanlar da..."

3) Salih kimselerle beraber ol. Çünkü salihlerin kalpleri diridir. Onlarla beraber olanlar da bedbaht olmazlar. Benim salihlerle kastettiğim, zikir, ilim ve zühd sahibi, Allah'a yönelmiş kimselerdir.

4) Katı kalpli kişilerden uzak dur. Zira onların kalpleri ya hastadır ya da ölüdür. Bu gruptan olan insanlar farklı farklıdır; ama onların ortak bir özelliği vardır: Allah'tan gafil olmak. Kalpleri katı olan en belirgin gruplar şunlardır:

a) Dünyaya köle olanlar. Öyle ki, onlar dünya ile aşırı meşguliyetleri sebebiyle, neredeyse camilerin yolunu bulamazlar. Bulsalar da sanki ateş üstündeymişler gibi alelacele oradan kaçarlar. Âhiret işlerini ihmal ederler. Fânî dünya işlerine ise, aşırı düşkündürler.

b) Şarkı, müzik ve bu türden günahlara düşkün olanlar.

c) Allah'ın mahlûkatına karşı kibirlenen makam ve mevki sahipleri. Zira onlar kendilerini insanlardan üstün görürler. Öğüt verenleri sevmezler. Sadece ikiyüzlü ve yağcı kimselere kulak verirler.

Ama makam ve mevki sahipleri salih kimselerse, o zaman onlarla bir arada bulunmanın bir mahzuru yoktur.

d) Eğlence ve boş işlerle meşgul olanlar. Zira onlar vakitlerini oyunla, gülüp kahkaha atmakla geçiririler. Ömürlerini, ne dünyada ne de âhirette fayda vermeyen işlerde tüketirler.

e) Haram mal yiyenler. Peygamber (s.a.v.) şöyle buyuruyor:

"Haram malla beslenen vücuda lâyık olan ateştir."[189]

f) Gıybet eden, laf taşıyan ve iftiracı kişiler.

---

[189] Tirmizî, Kitâbu'l-Cum'a, 558 (Mütercim)

Müslüman kardeşim! Sayılan bu sınıflar ve benzerleri, ya kalpleri ölü ya da hasta kimselerdir. İyiliği emretmek, kötülüğü yasaklamak ve nasihat etmek gibi dinen gerekli olan durumlar haricinde onlarla bir arada bulunma! Zira bu gibi kimselerle bir arada bulunmak, öldürücü bir zehirdir. Mü'minin kalbini zayıflatır ve onu âhiret işlerinden uzaklaştırır.

"*Ayetlerimiz hakkında ileri geri konuşmaya dalanları gördüğünde, onlar başka bir söze geçinceye kadar onlardan uzak dur. Eğer şeytan sana unutturursa, hatırladıktan sonra artık o zalimler topluluğu ile oturma.*"[190]

"Allah de, gerisini bırak!
Eğer istersen mükâfata ulaşmak.
Şayet tecrübe edersen, görürsün ki,
Allah'tan başka her şey bir hiçtir.
Bilesin ki, sen ve bütün mahlûkat,
Var olmayacaktı, O olmasaydı.
Rablerini tanıyanlar memnun oldular,
O'nun huzurunda nimete kavuştular."

Ruhun gıdası: Allah'a yakınlık

Abdullah b. Mübarek şöyle diyor:

"Dünya ehli (yani dünyanın oyun ve eğlencesine dalmış olanlar), dünyadaki en güzel şeyi tadamadan bu dünyadan göçüp giderler. Denildi ki: 'Dünyadaki en güzel şey nedir?" O da: "Allah'ı (c.c.) tanımaktır." dedi."[191]

Evet, ey kardeşim! Allah'ı tanıyan ve O'na ihlâsla ibadet eden bir kimse, en yüce güzellikleri yaşar ve hayatın en büyük lezzetlerini tadar. Hayatın lezzetleri iki çeşittir: Ruhun tattığı lezzetler ve bedenin tattığı lezzetler.

Ruhun tattığı lezzetler kalple yaşanır. Ve kalbi güçlendirir, ona hayat ve mutluluk verir. Bedenin tattığı lezzetlere gelince,

---

190 En'âm, 68
191 "İrşâdü'l-İbâd", s. 74

onlar ya helâldir ki insan onlardan dolayı hesaba çekilecektir; ya da haramdır, onlardan dolayı da ceza vardır.

Rivayete göre Dâvûd-u Tâî (r.a.) tek odalı harabe bir evde oturuyormuş ve evinin kapısı da yokmuş. Birileri ona şöyle demiş: "Sen yalnız başına bir evdesin, şu evine bir kapı taktırsan! Yalnızlıktan korkmuyor musun?" O da şöyle karşılık vermiş:

"Kabrin yalnızlığı, dünya yalnızlığından korkmama engel oldu."[192]

Ebu'l-Ferec Abdurrahmân b. Receb el-Hanbelî, Ebû Üsâme'den şöyle bir hadis rivayet ediyor:

"Muhammed b. Nadr'ın yanına gittim. Gelişimden dolayı rahatsız olduğunu gördüm ve ona şöyle dedim: "Sanki sen yanına birinin gelmesinden hoşlanmıyor gibisin." O da: "Evet" diye cevap verdi. Ben de ona: "Peki, kendini yalnız hissetmiyor musun?" dedim. Bunun üzerine o:

"Allah, 'Ben, beni zikredenin arkadaşıyım' dediği hâlde, kendimi nasıl yalnız hissedebilirim ki?!" dedi."[193]

Seleften bazıları, faydası olmayan ve sadece konuşmak için yapılan anlamsız ziyaretleri hoş karşılamazlardı. Hatta İbnü'l-Cevzî, bu amaçla ziyaretine gelenler olduğunda, vaktini boşa geçirmemek için kalemlerini açar, kâğıtlarını ve kitaplarını derleyip toplardı.

Dolayısıyla Allah'ı zikretmeye ve O'na itaate alışan bir kimse, kendisine Allah'ı hatırlatmayan ya da faydalı bir iş yapmayan kimselerle oturduğunda kendini yalnız ve huzursuz hisseder.

Bir adam, Ma'rûf-u Kerhî'ye, "Bana tavsiyede bulun." demiş, o da ona şöyle karşılık vermiş:

"Allah'a öyle tevekkül et ki, senin dostun da, şikâyetini arz ettiğin de O olsun. Ölümü o kadar çok hatırla ki, senin ayrıl-

---

[192] a.g.e., s. 74

[193] "İstinşâku Nesîmi'l-Üns", s. 76

maz bir arkadaşın olsun. Bilesin ki, başına bir musibet geldiğinde çözüm onu gizlemektir. Zira insanlar sana fayda ya da zarar veremezler. Sana her hangi bir şey veremedikleri gibi, bir şeye de engel olamazlar."

Bazı âşıklar şöyle demiş:

"Ey kalplerin sevgilisi! Benim kimsem yok senden başka.
Merhamet et bugün, sana gelen bu günahkâra.
Sensin isteğim, arzum ve sevincim,
Senden başkasını sevmeyi reddediyor kalbim.
Ey muradım, efendim, dayanağım,
Özlemim arttı, kavuşmak ne zaman?"

Allah'a yakın olmanın mükâfatı

Ey müslüman kardeşim! Allah ile yakınlık kuran kimsenin başına gelen dünyevî kederler, onun bu yakınlığını yok edemez. Aksine onun kalbi, Allah'ın takdirine razı olur.

"Sevgini kazanabilsem keşke, ey arzu duyulanların yücesi!
Çünkü toprağın üstündeki her şey toprak olacaktır.
Seninle benim aram iyi olsun yeter ki,
Başkalarıyla aram bozuk olmuş, sorun değil."

Enes'ten (r.a.) şöyle rivayet edilmiştir:

"Allah bir toplumu sevdi mi, onları musibetlerle imtihan eder. (Allah'ın takdirine) razı olana, razılık; kızana ise öfke vardır."[194]

Ebû Alî er-Râzî şöyle diyor:

"Fudayl b. İyâd'la otuz yıl arkadaşlık yaptım. Onun güldüğünü de tebessüm ettiğini de görmedim. Yalnız oğlu Ali'nin öldüğü gün hariç. Bu durumu kendisine söylediğimde bana şöyle dedi:

---

194 Bu hadisi, Tirmizî rivayet etmiş ve "Hasen garîb" demiştir. Ahmed, 5/427

'Şüphesiz Allah bir işin olmasını istedi, ben de onun istediğine razı oldum."[195]

İbn Ebü'd-Dünyâ, Abdülvâhid b. Zeyd'in şöyle dediğini rivayet ediyor:

"Şehrin dışına çıktığımda, cüzzam hastalığına yakalanmış siyah bir adamla karşılaştım. Cüzzamdan dolayı bütün yaraları parçalanmıştı. Ayrıca kör ve kötürümdü. Derken birkaç, çocuk onu taşlamaya başladılar ve kafasıyla yüzünü kanattılar. Bunun üzerine ona biraz yaklaştım ve şöyle dediğini işittim:

"Ey efendim! Sen de biliyorsun ki, şayet etim makaslarla doğransa, kemiklerim de testereyle biçilse, sana karşı ancak sevgim artar. Dolayısıyla bana dilediğini yap."[196]

Gerçek aşk

Şüphesiz insanlar arasında meşhur ve hayatın bilindik olaylarından biri de âşıkların hikâyeleridir. Bu hikâyeler, insan nefsinin zafiyetini, nefsin, bir uğraşısının olmaması sebebiyle içgüdülerine teslim oluşunu ve böylece zirve yarışından geri kalışını göstermekle birlikte başka bir yöne de işaret etmektedir. Şöyle ki insan, bir mahlûka olan aşkı sebebiyle -işitmekte ve görmekte olduğumuz gibi- mecnun olmakta, özlem, hasret ve kederlere gark olmakta ve feryatlar içinde ağlayabilmektedir. Peki, Allah'ı sevenlerde, özlem, hüzün ve ağlama, bu boş âşıklardan daha fazla olmalı değil midir? Elbette ki, daha fazla olmalıdır. Zira Rablerini gerçekten sevenlerin kalpleri O'nun sevgisiyle doludur. Öyle ki, onların kalbinde O'nun sevgisine denk hiçbir sevgi yoktur:

"*İnsanlardan bazıları Allah'tan başkasını Allah'a denk tanrılar edinir de onları Allah'ı sever gibi severler. İman edenlerin Allah'a olan sevgileri ise (onlarınkinden) daha fazladır.*"[197]

---

195 "Simârü'l-Üns", s.107
196 a.e., s. 108
197 Bakara, 165

İşte sana Rablerini sevenlerin bahçesinden bir demet:[198]

Onlardan bir şair şöyle diyor:

"Kutlu olsun, senin sevgilisi olduğun kimseye,
Aşkın acıları onu eritse bile...
Müjdeler olsun, yalnızlığına ortak olduğun âşığa,
Dostlarından ve akrabalarından ayrı olsa...
Aşığa zarar vermez, yanında gecelemesi,
Nasibi olan malındır, zira sensin onun nasibi.
Yalnızlığı içinde senin razı olduğun kimseye,
Zarar veremez insanlardan onu çekiştiren kimse."

Râbiatü'l-Adeviyye de şöyle diyor:

"Seni iki sevgiyle seviyorum: Dostluk sevgisi,
Ve senin lâyık olduğun başka bir sevgiyle.
Dostluk sevgisine gelince, o beni,
Senden başkasından, senin sevginle ayırdı.
Senin lâyık olduğun sevgiye açtı,
Senin örtülerini ve seni gösterdi.
Bu iki sevgimden dolayı övgü bana değildir,
İkisinde de övgüyü hak eden sensin."

Bir diğeri de şöyle diyor:

"Gözümü kapadım dünyaya ve zinetine,
Sen ve benim ruhum ayrı değildir.
Seni zikrettiğimde gözüme uyku girmez,
Gecenin başından fecir doğuncaya kadar.
Sayıklarken, göz kapaklarım kapandığında,
Seni görürüm, göz kapağıyla göz bebeği arasında.
Senin uğrunda telef olmuş cana son nefeste merhamet et,
Ayrılmadan önce, zira bu son nefestir.

---

198 "İstinşâku Nesîmi'l-Üns", s. 139-142

Her şeyim yok olup gitse, şaşırmam ona,
Esas beni şaşırtan, nasıl kaldığıdır, bir kısmının."

İbrahim b. Edhem de şöyle diyor:

"Senin aşkınla bütün mahlûkatı terk ettim,
Seni görmek için gönlümü yetim ettim.
Sevginle beni parça parça yapsan,
Yine de gönül senden başkasına özlem duymaz."

Gücün en büyük kaynağı

Müslüman kardeşim! Şüphesiz her yolcu, hareketi için gerekli olan gücü temin etmek ve gideceği yolda ara vermeden ilerleyebilmek için hem kendinin hem de bineğinin azığını tedarik etmek zorundadır.

Ruha güç verecek olan en iyi azık ise sabırdır. Zira sabır, mü'minin hem dünyevî hem de dinî işlerinde en büyük yardımcısıdır. İlim öğrenme konusunda sabreden ilme ulaşır; işini yapmada sabreden onu iyi bir şekilde tamamlar. Aynı şekilde Rabbine iman edip sabreden kişi de Allah'ın sevgisini ve yardımını kazanır. Allah (c.c.) şöyle buyuruyor:

"*Allah sabredenleri sever.*"[199]

"*Sabredin, çünkü Allah sabredenlerle beraberdir.*"[200]

Bu konuda şöyle denilmiştir:

"Bilesin ki, isteğine sabırla ulaşırsın,
Ve takva ile demir bile yumuşar senin için."

Sabır üç kısımdır:

1) Allah'a itaatte sabır

Bu kısım, farz sabır, nafile sabır ve hem sabır hem şükür olan sabırdan oluşur.

---

[199] Âl-i İmrân, 146
[200] Enfâl, 46

Farz olan amelleri yerine getirmede sabretmek, farzdır. Meselâ, namazı terk etme ya da kazaya bırakma hususunda şeytana itaat edersen, farz olan sabrı terketmiş ve sakıncalı bir iş yapmış olursun.

Sıcakta nafile oruç tutmak, teheccüd namazı için yatağı ve uykuyu terketmek gibi, nafile ibadetleri yerine getirmede karşılaşılan meşakkatlere sabretmek ise, hem sabır hem şükürdür.

Âişe (r.a.), Peygamber'in (s.a.v.) geceleri ayakları şişene kadar namaz kıldığını görünce ona şöyle dedi:

"Ey Allah'ın Resûlü! Allah senin geçmiş ve gelecek bütün günahlarını bağışladığı hâlde, niye kendini bu kadar sıkıntıya sokuyorsun?"

Peygamber (s.a.v.) de şöyle dedi:

"Çok şükreden bir kul olmayayım mı?"[201]

Ruveym'e (r.a.) şükrün ne olduğu sorulduğunda şöyle demiştir:

"Şükür, nimetleri veren Allah'a teşekkür için elden geleni yapmaktır."

2) Günaha karşı sabır

Bu kısım ise farz ve hem farz hem şükür olan sabırdan oluşur.

Nefsin: ve azalarını Allah'a isyandan koruman ve Allah'ın sana vermiş olduğu mal ve vakti de günahta kullanmaman, farz olan sabırdır. Ama isyanda kullanacağın gücü, vakti ve malı, isyanda kullanmayıp nafile ibadetlere harcarsan, işte bu, hem Allah'a isyana karşı sabır, hem de şükür olmuş olur.

3) Belâ ve musibetlere karşı sabır

Bu kısım farz ve menduptan oluşmaktadır.

Farz olan sabır; başa musibet geldiği ilk anda nefsi, Allah'ın

---

[201] Buhârî, Tefsîru'l-Kur'ân, no: 4459; Müslim, Sıfatü'l-Kıyâme, no: 5046 (Mütercim)

kader ve kazasına isyandan korumaktır. Bu konuda sahih bir hadiste şöyle geçmektedir:

"Hz. Peygamber, çocuğunun kabri başında ağlayan bir kadının yanına uğradı ve ona: "Ey kadın! Allah'tan kork ve sabret." dedi. Kadın da: "Git başımdan. Benim başıma gelen senin başına gelmemiştir." diye karşılık verdi.

Bunun üzerine Peygamber yoluna devam etti. Kadına: "O, Allah Resulü idi." denildi. Kadın hemen Peygamber'in yanına gitti ve ona: "Seni tanıyamadım, ey Allah'ın Resulü!" dedi.

Peygamber ise şöyle buyurdu:

"Sabır, musibetin başa geldiği ilk anda olandır."[202]

Tirmizî'de geçen şu rivayeti daha önce zikretmiştik:

"Allah bir toplumu sevdi mi, onları musibetlerle imtihan eder. (Allah'ın takdirine) razı olana, razılık; kızana ise öfke vardır."

Bu sabrın mendup olanı ise, razı olmak, yani başa gelen musibet dolayısıyla kalpte oluşan acının yok olması ve kulun, Allah'ın yaptığı her şeyin kendisi için hayırlı olduğuna kesin bir şekilde inanmasıdır. Bu ise, öyle yüksek bir derecedir ki, onu sadece nefsiyle cihad eden, onu hesaba çeken ve onun dizginini elinde tutan, ayrıca kalbini ihlâsla ve özlemle Allah'a yönlendiren kimseler anlayabilir.

Buraya kadar zikredilenlere bakarak sabrı iki kısma ayırabiliriz:

1) İsteğe bağlı olan sabır. Allah'a itaatte ve ona isyandan kaçınmada sabretmek gibi.

2) Mecburî olan sabır. Allah'ın imtihan amacıyla verdiği musibetlere sabır gibi.

İbn Teymiyye, her ne kadar ikisi de farz olsa da, isteğe bağlı olan sabrın, mecburi olan sabırdan daha üstün olduğunu söylemektedir. Bunun sebebi ise, insan, isteğe bağlı olan sa-

---

[202] Buhâri, Cenâiz, no: 1203; Müslim, Cenâiz, no: 1535

bırda, itaati terk etmeye imkânı olduğu hâlde terk etmez, yine günah işlemeye imkânı olduğu hâlde de onu terk eder. Dolayısıyla bu konuda nefsiyle yaptığı mücadele çok daha zordur.[203]

Ey müslüman kardeşim! Ömür fırsatını iyi değerlendir. Çünkü ömür, telafisi olmayan bir fırsattır.

Allah'tan bizi doğru yola iletmesini, hakkı bize ilham etmesini ve bizi nefislerimizin şerrinden korumasını dileriz.

Bu risaleyi yazmaktaki amacımı rızasına uygun kılmasını; bu amelimi lütfu ve keremiyle kabul etmesini; onu basana, yayınlayana, okuyana ve bütün müslümanlara nasûh tevbeyi ve son nefeste imanla gitmeyi nasip etmesini yüce Allah'tan niyaz ederim. Yine O'ndan, bu dine yardımcı olmasını, onun düşmanları olan kâfirleri ve münafıkları yüz üstü bırakmasını, bu ümmete de izzet ve şerefini iade etmesini, cihad ehline yardım etmesini ve fesatçılara engel olmasını ve bütün Müslümanları hayra ve doğruya muvaffak kılmasını niyaz ederim. Duamızın sonu şudur: Âlemlerin Rabbine hamdolsun.

[203] İbn Teymiyye'nin bu görüşü hakkındaki detaylı bilgi için bkz. "Tehzîbu Medârici's-Sâlikîn", s. 353